2014 中国创新型经济蓝皮书
城市卷

吴晓波 主编

ZHEJIANG UNIVERSITY PRESS
浙江大学出版社

图书在版编目（CIP）数据

2014 中国创新型经济蓝皮书. 城市卷 / 吴晓波主编. —杭州：浙江大学出版社，2017.1

ISBN 978-7-308-16293-7

Ⅰ.①2… Ⅱ.①吴… Ⅲ.①中国经济－城市经济－经济发展－研究报告－2014 Ⅳ.①F124

中国版本图书馆 CIP 数据核字（2016）第 241759 号

2014 中国创新型经济蓝皮书：城市卷

吴晓波　主编

策划编辑　樊晓燕
责任编辑　杨利军　沈巧华
责任校对　丁沛岚
封面设计　俞亚彤
出版发行　浙江大学出版社
（杭州市天目山路 148 号　邮政编码 310007）
（网址：http://www.zjupress.com）
排　　版　杭州中大图文设计有限公司
印　　刷　杭州日报报业集团盛元印务有限公司
开　　本　710mm×1000mm　1/16
印　　张　11.5
字　　数　188 千
版 印 次　2017 年 1 月第 1 版　2017 年 1 月第 1 次印刷
书　　号　ISBN 978-7-308-16293-7
定　　价　35.00 元

审 图 号　**GS(2016)4080 号**

浙江大学出版社发行中心联系方式:0571－88925591;http://zjdxcbs.tmall.com

《2014 中国创新型经济蓝皮书：城市卷》课题组

课题组组长：吴晓波　浙江大学管理学院院长、教授、博士生导师，浙江大学“创新管理与持续竞争力研究”国家哲学社会科学创新基地主任

课题组成员：杜　健　浙江大学管理学院副教授

周　全　浙江大学管理学院博士研究生

常晓然　浙江大学管理学院博士研究生

邵晓琳　浙江大学管理学院博士研究生

前　言

创新是国家强盛的源泉，是人类社会进步的根本动力。坚持创新驱动发展战略，走中国特色自主创新道路是实现中华民族伟大复兴的必然选择。根据《国家中长期科学和技术发展规划纲要(2006—2020年)》，到2020年，我国将进入创新型国家的行列；在2050年前后，我国将全面实现科学技术现代化，成为世界中等发达国家。在这一过程中，作为国家区域发展的核心节点，城市是构建创新型国家战略的重要载体。同时，以信息技术、新能源技术和生物技术等为代表的第三次科技革命，也将极大地推动全球城市化的进程。目前来看，我国城市人口比例超过54%，2020年将达到60%，2030年将达到70%。应该说，我国正在和即将发生的城乡人口转移和社会变迁的规模将是空前的。如何在资源、环境、人口等众多制约条件下，实现真正意义上的城市化，实现“勤者有其业，居者有其屋”，产业发展是基础，创新是关键。对此，各级政府亦面临严峻考验。

我们也观察到，城市人口的飞速增长，以及以高投入、高消耗、高污染、低效率等为特征的粗放式经济发展模式，使我国的经济发展不可避免地遇到诸多社会与环境问题的挑战，人口的教育文化素质、二元社会结构、城市基础设施、能源供应、生态环境、土地利用政策等方面的问题频频出现。在这一背景下，以科技进步和创新作为转变经济发展方式的主要突破口，建立健全城市创新促进机制，完善创新体系，培育创新文化，对中国城市的健康发展起到决定性的作用。

“工欲善其事，必先利其器。”开发出一套能够在科学、规范的统计数据的基础上，对城市创新能力进行全面监测和评价的城市创新型经济指标体系具有重要的现实意义。在这个背景下，本课题组在浙江省创新型经济评价指标体系的基础上开发了中国城市创新型经济评价指标体系，并基于此评价指标体系提出了“中国城市创新指数”，以期切实推进我国社会的创新驱动型发展。

本课题组于2005年在国内开创性地发起了“创新型经济评价”工作，出版了区域创新型经济评价专著——《2004浙江省创新型经济蓝皮书》，在国内首次对创新型经济的概念和内涵进行了明确界定，并构建了由资源要素、过程要素和产出要素构成的多层次、定量化的创新型经济评价指标体系。在指导实践的过程中我们发现，以省(区、市)为单位对创新型经济进行测度，尚不能完全展现区域间不同的资源禀赋及创新特点，即便是同一省（区、市）内的各个城市，其创新型经济的表现也会有很大的差异。随着我国城市化进程的推进，以城市为基本单位，对创新型经济的发展情况做出科学、定量的评价，从城市管理实践和学术研究角度看，都有很大的参考意义。同时，我国在社会发展以及经济数据统计方面比十年前有了很大进步。在同一数据框架下，以城市为单位搜集和整理相关数据的难度大大降低。因此，本书希望能够在较为成熟的创新型经济评价指标体系的基础上，以创新指数的形式对我国主要城市的创新资源、创新过程和创新产出进行综合评价，为城市及区域管理者、规划制定者、政策决策者、科学研究人员以及其他利益相关者提供依据与启示。

在成书过程中，离不开各界的帮助与支持。在这里，需要特别感谢英国剑桥大学制造研究院以及浙江省统计局在成书过程中给予的建议以及数据支持。受能力所限，书中难免有疏漏和不足之处，希望广大读者给予指正，以帮助我们更新、修订和完善城市创新型经济评价指标体系，为中国经济与社会的创新发展尽一份绵薄之力。

《2014 中国创新型经济蓝皮书：城市卷》课题组

2015 年 10 月

创新型经济

创新型经济是指以信息革命和经济全球化为背景，以知识和人才为依托，以创新为主要推动力，持续、快速、健康发展的经济。

不同于单纯依靠劳动力投入或资本的增加，以严重消耗资源作为代价的增长型经济，创新型经济是以现代科学技术为核心，以知识的生产、存储、分配和消费为最重要因素的可持续发展的经济。

不同于单纯依靠引进设备和技术，以照搬外来技术为主要推动力的模仿型经济，创新型经济是注重培育本国企业和研发机构的创新能力，发展拥有自主知识产权的新技术和新产品，以自主创新为目标和主要推动力的经济。

创新型经济既强调企业和国民经济的发展，也重视创新带来的居民生活的改善，追求社会与经济的和谐统一。

目　　录

图目录

表目录

第1章 报告摘要

《2014中国创新型经济蓝皮书：城市卷》建立了中国城市创新型经济评价指标体系，并从创新资源、创新过程以及创新产出3个维度对中国54个主要城市进行了综合评价。本书希望能够为新一轮的以创新能力为主要驱动力的中国城市发展提供一把标尺，客观评价中国城市的创新表现，以期为中国城市在创新评价、创新资源投入、创新过程建设方面提供参考的依据。

1.1 收录城市

本书共收录了中国54个城市的基础数据，这54个城市包括各直辖市、省会城市、计划单列市，以及GDP排名靠前的其他城市。[①] 进入报告的城市有：包头、北京、长春、长沙、常州、成都、重庆、大连、大庆、东莞、鄂尔多斯、佛山、福州、广州、贵阳、哈尔滨、海口、杭州、合肥、呼和浩特、济南、嘉兴、昆明、兰州、南昌、南京、南宁、南通、宁波、青岛、泉州、上海、绍兴、深圳、沈阳、石家庄、苏州、台州、太原、唐山、天津、潍坊、温州、乌鲁木齐、无锡、武汉、西安、西宁、厦门、徐州、烟台、银川、郑州以及淄博。收录的54个城市在2012年的GDP为30.60万亿元，占当年全国GDP的58.90%。2012年，收录的54个城市的人口总数为3.46亿人，占当年全国人口的25.55%，占当年全国城镇常住人口的48.60%。

① 由于数据可得性问题，本书没有收录拉萨及港澳台。

1.2　研究方法

本书选取了三大类（资源类、过程类和产出类）共27个指标，通过无量纲化[①]处理，得出各个城市的创新指数（见图1-1）。数据来源主要为本书收录的54个城市2012年及2013年的统计年鉴、国民经济和社会发展统计公报以及这54个城市的统计局（统计信息网）。

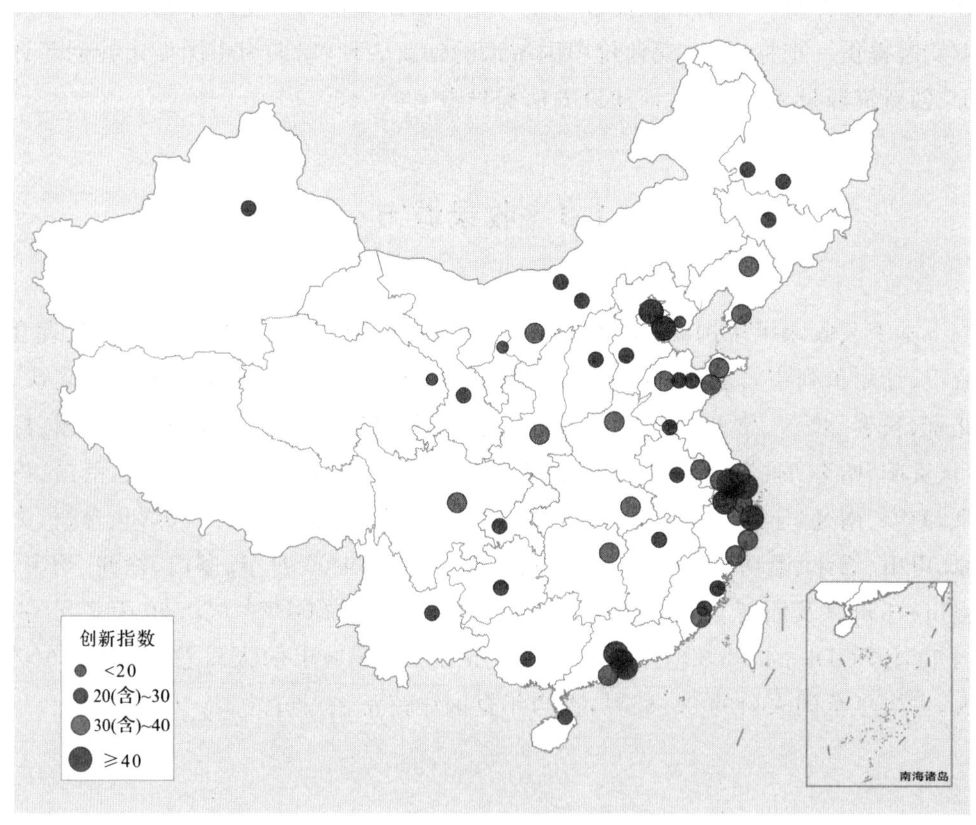

图1-1　创新指数

① 使采用了不同计量单位的统计指标可以直接进行比较。

1.3　主要结论

创新表现最佳的10个城市集中在长三角、珠三角及环渤海区域。排名前10位的城市依次为：深圳、北京、上海、苏州、无锡、天津、杭州、宁波、广州和东莞（见表1-1），其中属于长三角地区的城市5个、珠三角地区的城市3个、环渤海地区的城市2个。

表1-1　十大创新城市

十大创新城市	
城市	得分
深圳	62.40
北京	59.13
上海	48.05
苏州	47.85
无锡	44.54
天津	43.31
杭州	42.91
宁波	42.15
广州	41.76
东莞	41.66

1. 创新资源表现十佳城市

创新资源通过教育、技术人力、科技投资以及基础设施4个方面，考察城市在人力、财力、基础设施等方面的投入以及保有情况。排名前10位的城市依次为：深圳、北京、东莞、上海、武汉、苏州、厦门、南京、无锡和广州（见表1-2）。

表 1-2　创新资源表现十佳城市

创新资源表现十佳城市	
城市	得分
深圳	64.09
北京	51.80
东莞	44.57
上海	43.32
武汉	37.74
苏州	37.59
厦门	36.71
南京	36.01
无锡	35.82
广州	35.73

2. 创新过程表现十佳城市

创新过程通过知识创新、技术商业化、技术独立性以及创新组织与活力，考察城市将创新资源有效地转化为经济绩效的动态过程。排名前 10 位的城市依次为：北京、深圳、苏州、宁波、上海、天津、杭州、无锡、贵阳和西安（见表 1-3）。

表 1-3　创新过程表现十佳城市

创新过程表现十佳城市	
城市	得分
北京	57.87
深圳	45.23
苏州	42.16
宁波	41.66
上海	41.09
天津	39.79
杭州	35.03
无锡	32.52
贵阳	31.36
西安	31.24

3. 创新产出表现十佳城市

创新产出通过产业发展、居民生活、经济效益和可持续发展4个方面，考察创新对经济、社会和环境的最终影响。排名前10位的城市依次为：深圳、北京、广州、无锡、苏州、鄂尔多斯、杭州、上海、天津和宁波（见表1-4）。

表1-4 创新产出表现十佳城市

创新产出表现十佳城市	
城市	得分
深圳	77.89
北京	67.73
广州	65.92
无锡	65.28
苏州	63.81
鄂尔多斯	61.73
杭州	60.36
上海	59.74
天津	58.81
宁波	57.51

4. 深圳、北京创新表现突出，单项指标优势明显

深圳和北京的创新指数分别为62.40和59.13，远远领先于其他参评城市。深圳的优势在创新资源和创新产出方面，北京则在创新过程方面表现最好。两个城市在多个单项指标中排名靠前，在12个二级指标中，深圳有两个排名第1，另有7个排名前5。北京有5个排名第1，另有两个排名前5。

5. 各城市间创新资源与创新过程差距较大

创新资源与创新过程这两个一级指标表现出较高的两极分化的趋势。创新资源排名前10位的城市平均得分为42.34，而排名后10位的城市平均得分为

15.35。创新过程排名前10位的城市平均得分为39.80，排名后10位的城市平均得分为13.17。这说明许多城市在发展过程中首先就会遇到创新资源的限制，同时由于缺乏知识创造、技术商业化、引进消化吸收等活动对创新资源的转化，创新驱动发展战略将会遇到很大挑战。

6. 创新资源利用效率低，资源配置与利用方式有待改善

部分城市创新资源较强，但利用效率较低。资源利用效率最高的城市集中在创新资源得分区间为15(含)～25分的城市。相对而言，创新资源指数相对靠前的城市，资源利用效率较低。在我国，目前教育、人才、投资以及基础设施均处在促进培育的背景下，较低的资源利用效率并非意味着创新资源的“冗余”，而是在创新资源合理配置及有效利用方面仍有待改善。

7. 创新表现与可持续发展水平有一定相关性

创新表现好的城市，其可持续发展水平也较高。在我国经济持续快速增长和城市化进程不断加快的背景下，城市环境承受着巨大的资源与环境压力。而追求创新所带来的效率的提高和资源的充分利用，保证了城市经济的快速发展，从环境保护角度来看同样受益匪浅。

8. 教育资源与技术人力资源失衡

教育资源较佳的城市(如太原、贵阳、海口、西安和兰州)，其技术人力资源排名靠后；深圳、苏州、东莞和无锡等城市技术人力资源排名靠前，但当地教育资源相对匮乏。这说明许多城市的创新环境相对于其丰裕的教育资源来说较为落后，而还有一部分城市的教育资源供给不足，将成为其创新发展的重要制约。

9. 引进技术的消化吸收和再创新的投入不足

自主创新与引进技术的消化吸收和再创新是发展中国家积累和发展创新能力，赶超发达国家的重要途径。从目前情况看，企业相对更重视技术的自主创新，而对引进技术的消化吸收和再创新的投入不足。

表 1-5 列出了中国城市创新指数排名。

表 1-5　中国城市创新指数排名

总排名	城市	指数	资源类	排名	过程类	排名	产出类	排名
1	深圳	62.40	64.09	1	45.23	2	77.89	1
2	北京	59.13	51.80	2	57.87	1	67.73	2
3	上海	48.05	43.32	4	41.09	5	59.74	8
4	苏州	47.85	37.59	6	42.16	3	63.81	5
5	无锡	44.54	35.82	9	32.52	8	65.28	4
6	天津	43.31	31.34	14	39.79	6	58.81	9
7	杭州	42.91	33.35	12	35.03	7	60.36	7
8	宁波	42.15	27.30	18	41.66	4	57.51	10
9	广州	41.76	35.73	10	23.64	21	65.92	3
10	东莞	41.66	44.57	3	23.73	20	56.66	13
11	南京	38.51	36.01	8	23.29	22	56.22	14
12	武汉	37.26	37.74	5	24.02	18	50.01	23
13	长沙	36.88	32.07	13	21.89	28	56.70	12
14	常州	36.65	31.04	15	24.51	16	54.40	15
15	济南	36.09	28.05	17	28.14	12	52.09	20
16	佛山	36.08	29.19	16	21.65	29	57.38	11
17	温州	34.69	22.82	28	29.42	11	51.83	21
18	青岛	34.53	23.94	27	26.77	14	52.88	18
19	厦门	33.74	36.71	7	10.32	53	54.18	16
20	绍兴	33.37	24.48	24	23.10	24	52.51	19
21	南通	33.29	26.59	19	27.65	13	45.62	32
22	烟台	32.54	24.53	23	23.25	23	49.84	25
23	大连	32.51	24.15	25	23.90	19	49.49	28
24	郑州	32.27	21.77	33	22.07	27	52.96	17
25	嘉兴	32.17	25.81	21	21.25	30	49.45	29
26	成都	31.49	20.73	36	24.19	17	49.55	27
27	西安	31.36	21.23	34	31.24	10	41.60	38
28	沈阳	31.26	24.82	22	22.38	26	46.57	31

续表

总排名	城市	指数	资源类	排名	过程类	排名	产出类	排名
29	台州	31.24	24.00	26	24.87	15	44.87	34
30	鄂尔多斯	30.76	16.79	46	13.76	49	61.73	6
31	福州	29.74	22.61	30	16.95	41	49.65	26
32	贵阳	29.63	20.96	35	31.36	9	36.55	45
33	泉州	29.58	16.24	48	22.57	25	49.92	24
34	太原	28.44	34.39	11	16.34	44	34.59	49
35	海口	28.37	21.90	32	12.96	51	50.26	22
36	合肥	27.69	26.28	20	19.31	35	37.48	43
37	徐州	26.92	19.25	41	18.94	36	42.56	37
38	淄博	26.70	20.10	39	18.85	38	41.14	39
39	昆明	26.24	22.76	29	16.55	42	39.42	40
40	重庆	25.99	18.79	43	20.07	33	39.10	41
41	哈尔滨	25.94	20.54	37	20.83	31	36.46	46
42	大庆	25.55	14.24	53	14.08	48	48.34	30
43	潍坊	25.54	21.90	31	19.80	34	34.93	48
44	长春	24.84	16.33	47	14.73	46	43.47	36
45	呼和浩特	24.70	18.85	42	10.13	54	45.13	33
46	包头	24.68	14.49	52	14.82	45	44.74	35
47	南昌	24.36	19.35	40	16.45	43	37.28	44
48	南宁	23.62	15.43	50	17.91	39	37.51	42
49	兰州	22.87	20.12	38	12.64	52	35.85	47
50	石家庄	22.58	17.17	45	18.89	37	31.69	50
51	乌鲁木齐	22.34	16.02	49	20.26	32	30.75	51
52	银川	19.63	18.23	44	13.60	50	27.05	53
53	唐山	18.82	11.57	54	17.27	40	27.64	52
54	西宁	14.71	15.22	51	14.64	47	14.26	54

第 2 章　中国城市创新型经济评价指标体系

2004 年出版的《浙江省创新型经济蓝皮书》，已经建立了一套完整的创新型经济的监测与评价指标体系，其从创新的角度，科学地、有针对性地对浙江省和具有代表性的省（区、市）在经济发展中的创新成分进行了跟踪与监测。在《浙江省创新型经济蓝皮书》的基础上，本课题组建立了中国城市创新型经济评价指标体系。在这一评价指标体系中，本课题组将创新型经济看作一个由创新引起的动态的社会发展变化过程，并在一定的创新资源的支持下通过积极的创新活动促进创新型经济的蓬勃发展和社会的进步。因此，本评价指标体系由创新资源类指标、创新过程类指标和创新产出类指标 3 个一级指标构成，每个指标之下又分别由 4 个二级指标构成。

1. 创新资源类

考察城市在人力、财力、基础设施等方面的投入以及保有情况，具体通过 4 个二级指标对城市的创新资源做出评价：①教育资源；②技术人力资源；③科技投资资源；④基础设施资源。

2. 创新过程类

考察城市将创新资源有效地转化为经济绩效的动态过程，具体通过 4 个二级指标对城市的创新过程做出评价：①知识创新；②技术商业化；③技术独立性；④创新组织与活力。

3. 创新产出类

考察创新对经济、社会和环境的最终影响，具体通过 4 个二级指标对城市的创新产出做出评价：①产业发展；②居民生活；③经济效益；④可持续发展。

图 2-1 表现了城市创新指数及其相应的构成指标（一级、二级）的关系。表

2-1 至表 2-3 具体列出了构成创新资源、创新过程及创新产出的各个三级指标（原始指标）。

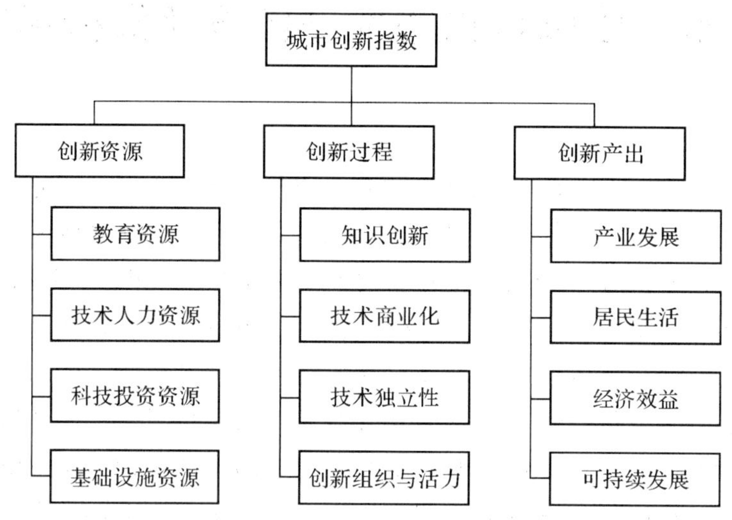

图 2-1　中国城市创新型经济评价指标体系

表 2-1　创新资源——三级指标

创新资源	
教育资源	每万人普通高校在校生数量
	每万人中等职业学校在校生数量
	普通高校和职业高中师生比
	教育经费支出占 GDP 比重
技术人力资源	每万人规模以上工业企业 R&D(科学研究与试验发展)活动人员数
	R&D 折合全时人员
科技投资资源	R&D 经费占 GDP 比重
	地方财政科技拨款占地方财政支出比重
	规模以上工业企业 R&D 经费支出占规模以上主营业务收入比重
基础设施资源	电信基础设施普及率
	城镇居民人均住房建筑面积
	每百人公共图书馆藏书

表 2-2　创新过程——三级指标

创新过程	
知识创新	每十万人专利授权数和发明专利授权数
	每亿元研究开发投入所取得的专利授权数
技术商业化	技术市场成交额
技术独立性	规模以上工业企业技术引进经费占本地区规模以上工业企业 R&D 经费比重
	规模以上工业企业消化吸收经费与技术引进经费比例
创新组织与活力	规模以上工业企业 R&D 项目数
	国家级企业技术中心数

表 2-3　创新产出——三级指标

创新产出	
产业发展	高技术产品出口额占商品出口额比重
	规模以上工业企业科技活动新产品产值占规模以上工业企业总产值
	第三产业产值占 GDP 比重
居民生活	城镇居民失业率
	城镇居民人均可支配收入
经济效益	人均 GDP
可持续发展	单位 GDP 工业废水、废气、废物排放量
	单位 GDP 综合能耗

第3章　收录城市及总体表现

3.1　收录城市

本书共收录了中国54个城市的基础数据，并结合中国城市创新型经济评价指标体系，从各个方面对中国城市创新型经济所表现出的特点进行了分析。城市的选择方式①为：首先选择直辖市、省会城市及计划单列市，其次加入2012年GDP排名前40位的其他城市，最后在此基础上加入了浙江省的两个城市②，最终形成了54个入选城市（见表3-1和图3-1）。

表3-1　收录城市及其GDP　（单位：亿元）

城市	GDP	城市	GDP	城市	GDP	城市	GDP	城市	GDP	城市	GDP
包头	3409	东莞	5010	合肥	4164	南通	4559	苏州	12012	武汉	8004
北京	17879	鄂尔多斯	3656	呼和浩特	2475	宁波	6582	台州	2911	西安	4366
长春	6400	佛山	6613	济南	4803	青岛	7302	太原	2311	西宁	851
长沙	4457	福州	4218	嘉兴	2891	泉州	4726	唐山	5862	厦门	2817
常州	3970	广州	13551	昆明	3011	上海	20182	天津	12894	徐州	4017
成都	8139	贵阳	1700	兰州	1564	绍兴	3654	潍坊	4012	烟台	5281
重庆	11410	哈尔滨	4450	南昌	3001	深圳	12950	温州	3669	银川	1151
大连	7002	海口	818	南京	7202	沈阳	6602	乌鲁木齐	2004	郑州	5550
大庆	4001	杭州	7802	南宁	2503	石家庄	4500	无锡	7568	淄博	3557

① 以省会城市和直辖市为主，则样本量稍少；以一、二、三线城市来划分，则样本量偏多。官方或学术文献中也未能找到专门从创新角度对城市进行分类的资料。

② 加入了台州与嘉兴，以期对浙江省的城市创新现状做一个相对完整的分析。

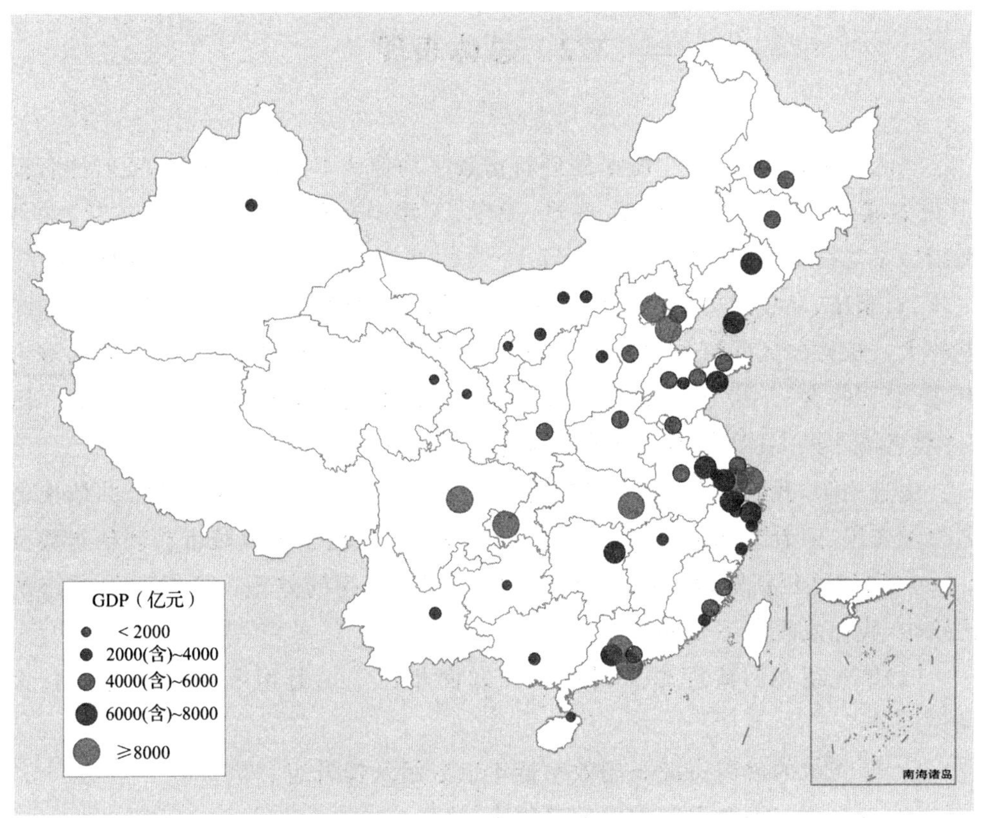

图 3-1　收录城市及其 GDP

本书收录的 54 个城市 2012 年的 GDP 总额为 30.60 万亿元，占当年全国 GDP 的 58.90%。54 个城市 2012 年城市人口总数为 3.46 亿人，占当年全国城镇常住人口的 27.19%。从地域上看，这 54 个城市中，2/3 来自沿海省份；从城市类型上看，包括了各个区域的政治、经济和文化中心。因此，本课题组认为，收录的这 54 个城市能够代表中国城市创新的现状。

3.2 总体表现

进入本书排名的54个城市的创新指数平均值为32.41①(见图3-2),排名前10位的城市(深圳、北京、上海、苏州、无锡、天津、杭州、宁波、广州和东莞)的创新指数平均得分为47.38分,排名后10位的城市(呼和浩特、包头、南昌、南宁、兰州、石家庄、乌鲁木齐、银川、唐山和西宁)的创新指数平均得分为21.83分,相差较大。从得分区间来看,40分(含)以上的城市有10个,30(含)~40分的城市有20个,20(含)~30分的城市有21个,20分以下的城市有3个(见图3-3)。图3-4将各城市的GDP与创新指数同时进行了考察。

更进一步,我们将54个城市按照排名分为3组,每组各18个城市并依次命名为领先组、追赶组和提升组(见表3-2)。图3-5比较了3组城市在创新指数及3个一级指标(创新资源、创新过程和创新产出)之间的差距。在对3组城市的比较中,我们发现如下一些特点:

(1)领先组在创新资源及创新过程方面相比于追赶组和提升组都有较大优势。

(2)领先组的创新资源利用效率低于追赶组及提升组。

(3)追赶组与提升组间差距相对较小。

---

① 为表述清晰,本书涉及的部分指标的数字,未特意标明单位,数字均为该指标的得分。

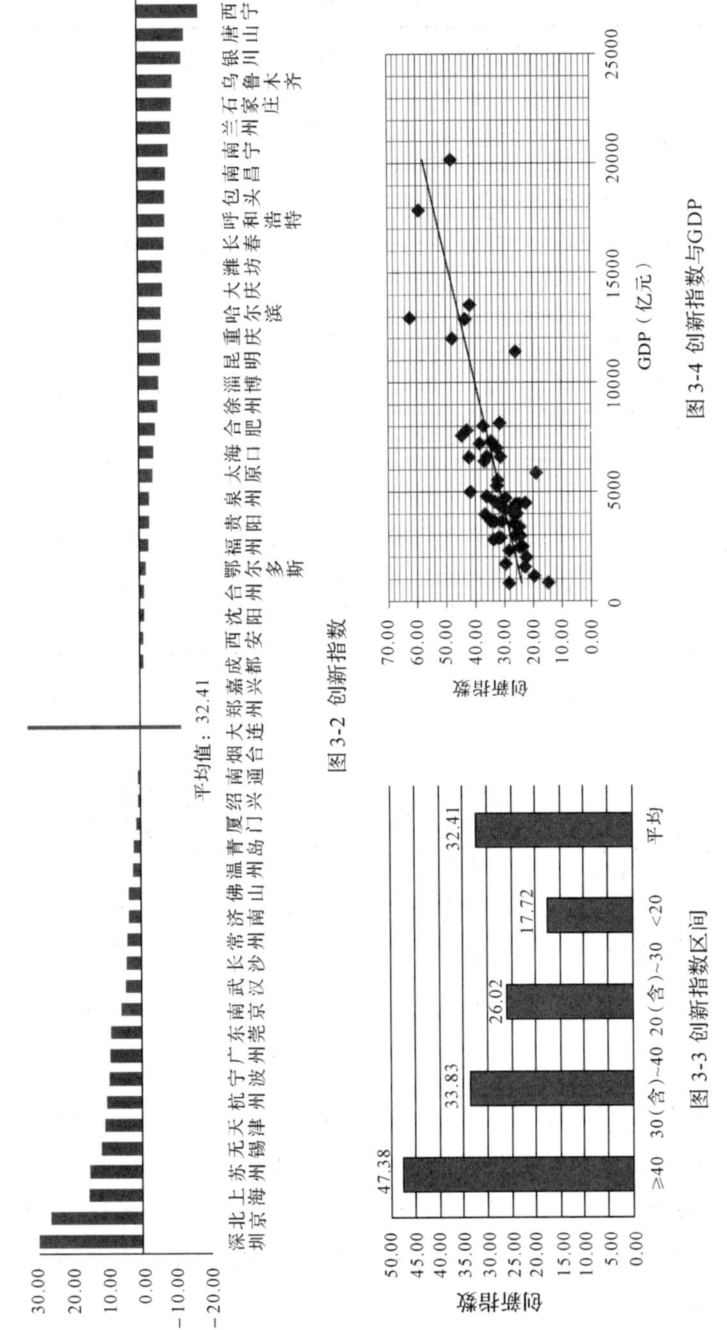

图 3-2 创新指数

图 3-3 创新指数区间

图 3-4 创新指数与GDP

表 3-2　创新城市分组

城市	得分	城市	得分	城市	得分	城市	得分	城市	得分	城市	得分
城市创新领先组											
深圳	62.40	苏州	47.85	杭州	42.91	东莞	41.66	长沙	36.88	佛山	36.08
北京	59.13	无锡	44.54	宁波	42.15	南京	38.51	常州	36.65	温州	34.69
上海	48.05	天津	43.31	广州	41.76	武汉	37.26	济南	36.09	青岛	34.53
城市创新追赶组											
厦门	33.74	烟台	32.54	嘉兴	32.17	沈阳	31.26	福州	29.74	太原	28.44
绍兴	33.37	大连	32.51	成都	31.49	台州	31.24	贵阳	29.63	海口	28.37
南通	33.29	郑州	32.27	西安	31.36	鄂尔多斯	30.76	泉州	29.58	合肥	27.69
城市创新提升组											
徐州	26.92	重庆	25.99	潍坊	25.54	包头	24.68	兰州	22.87	银川	19.63
淄博	26.70	哈尔滨	25.94	长春	24.84	南昌	24.36	石家庄	22.58	唐山	18.82
昆明	26.24	大庆	25.55	呼和浩特	24.70	南宁	23.62	乌鲁木齐	22.34	西宁	14.71

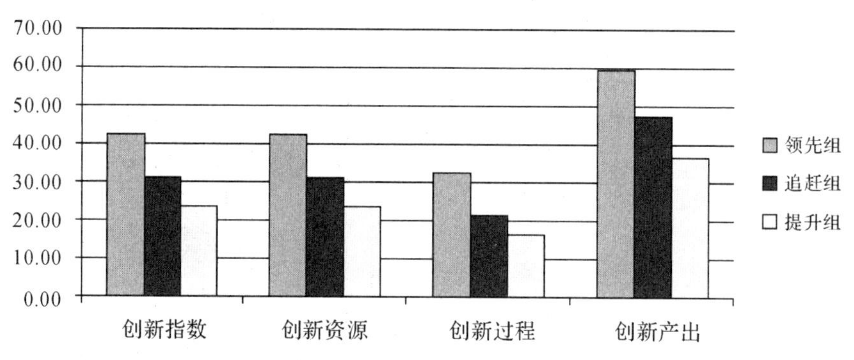

图 3-5　创新指数及一级指标分组比较

具体比较构成创新资源、创新过程和创新产出的 12 个二级指标（见图 3-6 至图 3-8），我们发现 3 个组别在二级指标层面上有如下特点：

（1）3 组城市在技术独立性、教育资源、产业发展以及可持续发展这 4 个二级指标上的差距较小，甚至领先组在技术独立性以及教育资源方面的表现要略微弱于另两组。

（2）领先组在技术商业化、创新组织与活力以及技术人力资源 3 个二级指标上的表现远优于追赶组与提升组。

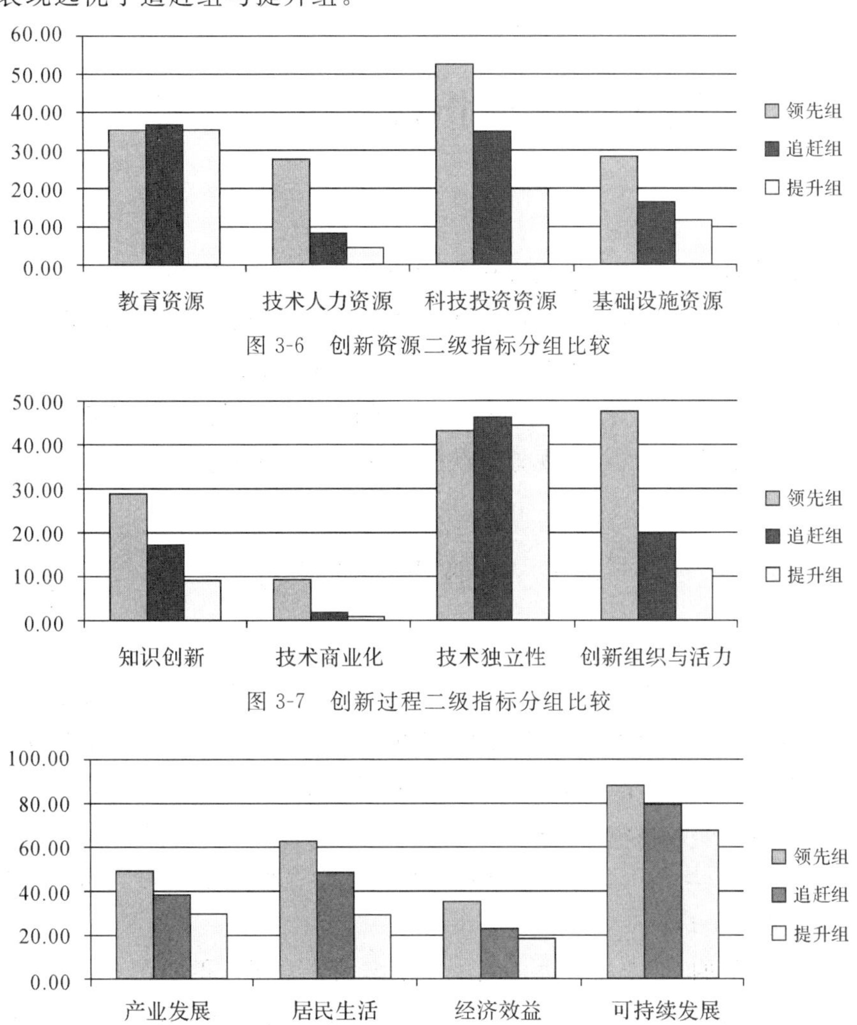

图 3-8　创新产出二级指标分组比较

第4章　分指标排名与分析

参与评价的54个城市在构成中国城市创新型经济评价指标体系以及中国城市创新指数的3个一级指标，以及相应的二级指标中的表现，不仅城市间在各个分指标间的差异较大，就单个城市来看其在各个一、二级指标间的表现也并不均衡。本课题组希望通过对3个一级指标（创新资源、创新过程和创新产出）及相应二级指标的具体分析，客观地反映中国城市创新的特点。

4.1　资源类指标排名

资源类指标由教育资源、技术人力资源、科技投资资源和基础设施资源这4个二级指标构成。资源类指标排名前10位的城市分别为（括号内数字为得分，下同）深圳（64.09）、北京（51.80）、东莞（44.57）、上海（43.32）、武汉（37.74）、苏州（37.59）、厦门（36.71）、南京（36.01）、无锡（35.82）和广州（35.73）。本书收录的54个城市的平均值为25.93，其中20个城市的表现高于平均值，34个城市低于平均值（见图4-1）。

高于平均值的20个城市大多集中在沿海发达地区。得分在35分（含）以上的城市有10个，25（含）～35分的有11个，15（含）～25分的有30个，15分以下的有3个，约60%的城市的得分集中在15（含）～25分。

教育资源这个二级指标通过每万人普通高校在校生数量、每万人中等职业学校在校生数量、普通高校师生比、职业高中师生比、教育经费支出占GDP比重来进行测量。排名前10位的城市（见图4-2）分别为太原（58.43）、贵阳（57.73）、海口（54.31）、西安（53.76）、兰州（50.49）、北京（47.91）、昆明（47.68）、广州（47.20）、南京（47.06）和西宁（46.50）。

有6个城市的每万人普通高校在校生数量超过了1000人（武汉、广州、济南、贵阳、南京和南昌），但如果考虑学生接受的教育质量（括号内数据为平均每位教师对应的学生数），则北京（9.70）、上海（12.63）、鄂尔多斯（13.69）、南京（13.78）、郑州（13.79）这 5 个城市每位教师对应的学生数均低于 14。从对教育的重视程度看（以教育经费支出占 GDP 比重来衡量），只有西宁（5.04%）、重庆（4.13%）、贵阳（3.68%）、北京（3.52%）、上海（3.22%）和昆明（3.04%）超过了 3%。如将教育资源的排名与综合创新指标相比较，会发现很多教育资源丰富的城市并未能够将教育资源优势有效地转化为城市的创新竞争力。如，太原（总排名第 34）、贵阳（总排名第 32）、海口（总排名第 35）、兰州（总排名第 49）、昆明（总排名第 39）以及西宁（总排名第 54）。

技术人力资源这个二级指标通过每万人规模以上工业企业 R&D 活动人员数和 R&D 折合全时人员进行测量。排名前 10 位的城市（见图 4-3）分别为深圳（90.96）、北京（54.24）、上海（38.76）、苏州（38.16）、东莞（28.10）、无锡（26.75）、天津（25.12）、广州（23.74）、南京（23.22）和杭州（23.19）。

深圳每万人规模以上工业企业 R&D 人员数达到了 612.60 人，另有东莞（229.52）、苏州（196.49）、厦门（184.70）、无锡（163.41）、常州（146.12）、佛山（131.41）和宁波（120.85）这 7 个城市每万人 R&D 人数超过了百人。在这一指标上，有 12 个城市的 R&D 人员比例低于 0.02%。从 R&D 人员折合全时人员数这个指标来看，北京（23.55）、深圳（19.30）、上海（15.59）以及苏州（10.63）这 4 个城市超过了 10 万人年，10 个城市低于 1。值得一提的是，在教育资源这个二级指标下，深圳排在第 44 位，可以说是来自全国各地的人才建立起了深圳在创新资源上的领先优势。

科技投资资源这个二级指标通过 R&D 经费占 GDP 比重、地方财政科技拨款占地方财政支出比重和规模以上工业企业 R&D 经费支出占规模以上主营业务收入比重进行测量。排名前 10 位的城市（见图 4-4）分别为北京（79.54）、深圳（79.05）、无锡（65.28）、上海（63.67）、苏州（58.56）、杭州（58.18）、太原（57.87）、长沙（57.74）、常州（57.19）和南京（55.70）。

北京（6.48%）、长沙（4.50%）、深圳（3.77%）、上海（3.44%）、南京（3.28%）、厦门（3.18%）以及太原（3.03%）的 R&D 经费占 GDP 比重超过 3%，另有 5 个城市的比例低于 1%。从地方政府对科技创新的重视程度上看（以地方财政科技拨款占地方财政支出的比重来衡量），苏州（6.03%）、上海（5.99%）、无锡（5.71%）、

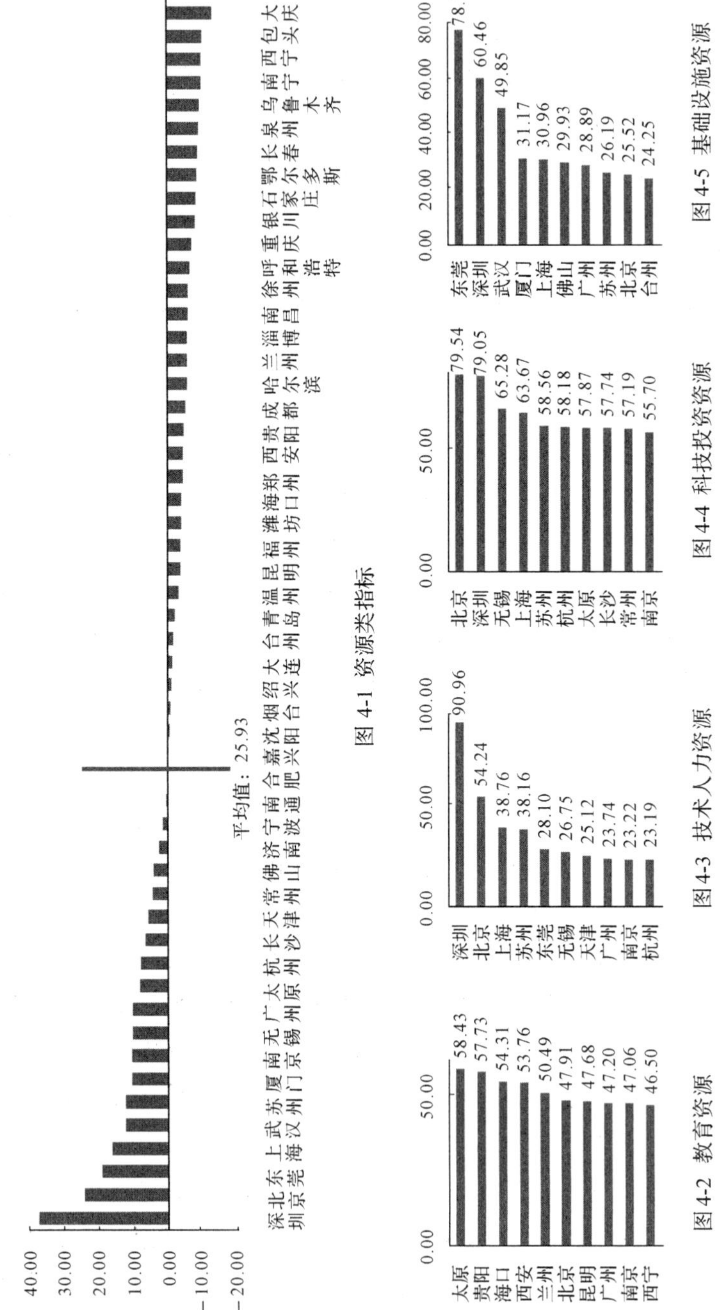

图 4-1 资源类指标

图 4-2 教育资源

图 4-3 技术人力资源

图 4-4 科技投资资源

图 4-5 基础设施资源

北京(5.58%)、大连(5.54%)、杭州(5.37%)、常州(5.23%)、深圳(5.05%)这 8 个城市科技拨款的比重超过 5%,而有 16 个城市这一指标低于 2%。从企业对技术创新的重视程度上看(以规模以上工业企业 R&D 经费支出占规模以上主营业务收入比重来衡量),深圳(2.20%)在这一指标上领先于其他城市,哈尔滨(1.57%)、太原(1.55%)、厦门(1.52%)这 3 个城市超过 1.5%,超过一半的城市规模以上工业企业对 R&D 的投入低于 1%。

基础设施资源这个二级指标通过每百人平均拥有固定电话数、每百人平均拥有移动电话数、每百人平均国际互联网络用户数、城镇居民人均住房建筑面积、每百人公共图书馆藏书进行测量。排名前 10 位的城市(见图 4-5)分别为东莞(78.12)、深圳(60.46)、武汉(49.85)、厦门(31.17)、上海(30.96)、佛山(29.93)、广州(28.89)、苏州(26.19)、北京(25.52)和台州(24.25)。

珠三角经济圈的 4 个城市(广州、深圳、东莞、佛山)在电信基础设施普及率这一指标上领先于其他城市。从住房条件来看,东莞(58.44)、台州(44.20)、温州(41.25)、泉州(40.84)和绍兴(40.70)的人均住房面积在 40 平方米以上。另外,武汉(1438.59)、深圳(937.24)、东莞(545.29)和上海(504.75)的藏书较为丰富。

4.2　过程类指标排名

过程类指标由知识创新、技术商业化、技术独立性、创新组织与活力这 4 个二级指标构成。过程类指标排名前 10 位的城市分别为北京(57.87)、深圳(45.23)、苏州(42.16)、宁波(41.66)、上海(41.09)、天津(39.79)、杭州(35.03)、无锡(32.52)、贵阳(31.36)和西安(31.24)。本书收录的 54 个城市的平均值为 23.52,其中 21 个城市的表现高于平均值,33 个城市低于平均值(见图 4-6)。

在创新过程这一指标中表现出较高的两极分化的趋势①。排名前 10 位的城市平均得分为 39.79,而排名后 10 位的城市平均得分为 13.17。这说明排名靠前的城市通过知识创造、技术商业化、引进消化吸收这一系列创新活动,能以较高的效率对创新资源进行转化。而处在排名末段的城市所缺乏的创新氛围与活

① 部分原因是由于技术商业化和创新组织与活力这两个二级指标使用了绝对值而非比例进行测量。

力，很可能成为制约这些城市未来发展的关键因素。这一指标另一个比较明显的特点是排名靠后的城市自然资源相对更为丰富，而缺乏有效创新过程的支持会使合理开发利用自然资源、减少浪费和破坏难以实现。

知识创新这个二级指标通过每十万人专利授权数、每十万人发明专利授权数和每亿元研究开发投入所取得的专利授权数进行测量。排名前10位的城市（见图4-7）分别为宁波（66.99）、苏州（61.77）、深圳（60.87）、温州（50.07）、南通（47.09）、无锡（45.64）、东莞（44.45）、台州（33.11）、杭州（32.75）和西安（28.43）。

从每十万人专利授权数来看，深圳（1689.65）、苏州（1519.45）、东莞（1117.65）、无锡（1094.28）以及宁波（1024.30）在这一指标上超过1000，另有23个城市的专利申请数低于23。从每十万人发明专利授权数来看，深圳(453.75)、北京(155.23)、上海（79.74）、杭州（78.88）、东莞（73.85）、南京（69.49）和苏州(66.52)这7个城市超过了60，另有14个城市在10以下。宁波(440.09)、温州(410.52)、南通(350.87)以及苏州(315.17)则在研发经费的使用效率上（每亿元研究开发投入所取得的专利授权数）有较大的领先优势，另有11个城市的这一指标低于50。

技术商业化这个二级指标通过技术市场成交额[①]进行测量。排名前10位的城市（见图4-8）分别为北京（100.00）、上海（21.09）、西安（12.34）、天津（9.44）、广州（7.54）、深圳（6.21）、南京（5.90）、武汉（5.37）、大连（5.31）和沈阳（4.89）。

可能由于特殊的区位优势，北京以2458.50亿元的技术市场成交额在技术商业化得分上遥遥领先，从绝对值上看，与本书中收录的其他城市的总和相差不大[②]。另外，上海（518.75）、西安（303.75）、天津（232.33）、广州（185.77）、深圳（153.06）、武汉（132.40）、南京（145.38）、大连（131.00）、沈阳（120.67）和苏州（102.89）[③]的技术市场成交额超过百亿元，同时有13个城市低于10亿元。

技术独立性这个二级指标通过规模以上工业企业技术引进经费占本地区规模以上工业企业R&D经费比重和规模以上工业企业消化吸收经费与技术引进经费比例进行测量。排名前10位的城市（见图4-9）分别为贵阳(99.34)、南宁

① 受数据限制，这一指标只使用了技术市场成交额来测量。

② 其他53个城市总和为3105.30亿元，其中部分城市为估计值。

③ 苏州的技术市场成交额为估计值。

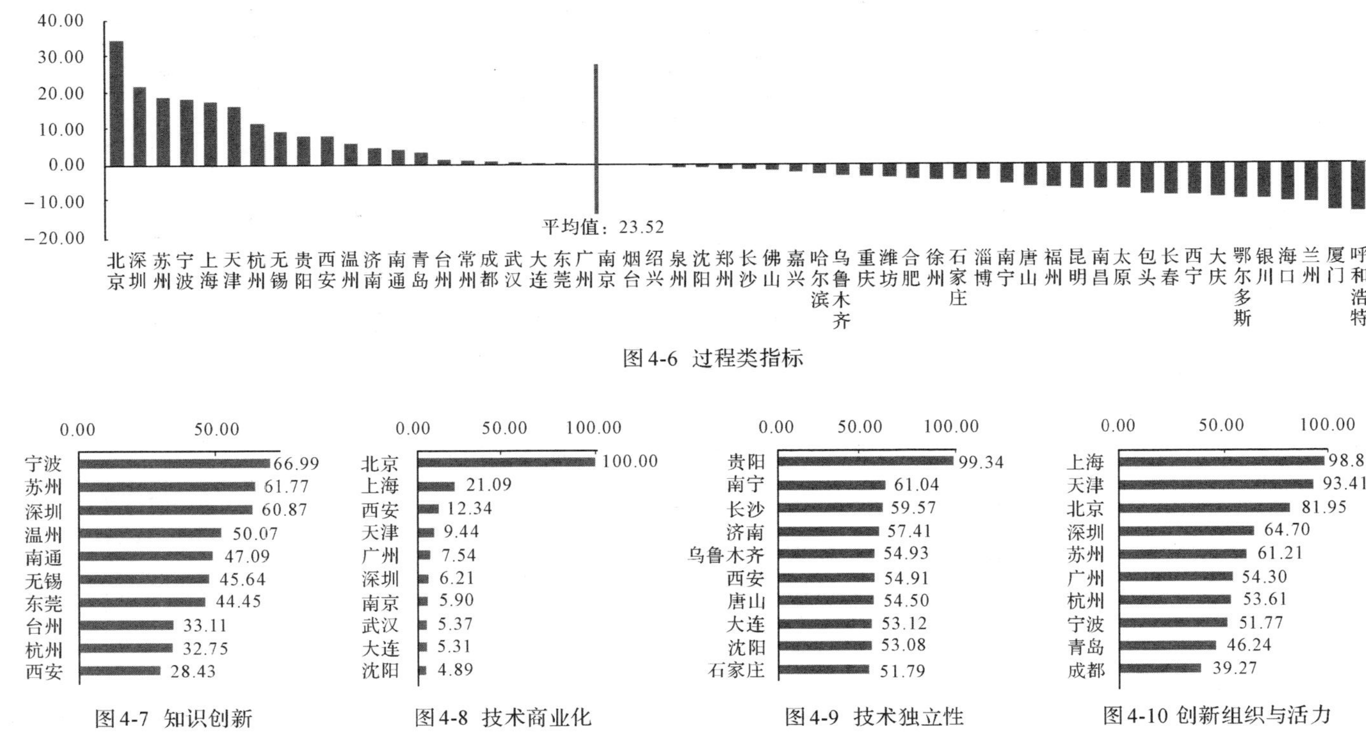

图4-6 过程类指标

图4-7 知识创新

图4-8 技术商业化

图4-9 技术独立性

图4-10 创新组织与活力

(61.04)、长沙(59.57)、济南(57.41)、乌鲁木齐(54.93)、西安(54.91)、唐山(54.50)、大连(53.12)、沈阳(53.08)和石家庄(51.79)。

从规模以上工业企业技术引进经费占本地区规模以上工业企业R&D经费的比重看，技术独立性①较强的城市有南宁(0.37%)、贵阳(0.77%)、长沙(0.95%)、唐山(0.95%)、深圳(1.05%)和西安(1.16%)。厦门(30.71%)、广州(21.86%)、重庆(15.75%)、上海(15.70%)、呼和浩特(15.44%)、成都(13.81%)、兰州(12.92%)、北京(12.45%)和合肥(10.63%)在技术引进方面投入较大，但这9个城市的规模以上工业企业消化吸收经费与技术引进经费比例均低于50%，其中5个城市低于10%。在规模以上工业企业消化吸收经费与技术引进经费方面表现较好的城市为贵阳(1046.35%)、南宁(232.42%)、乌鲁木齐(228.71%)、长沙(221.71%)和济南(210.31%)。

创新组织与活力这个二级指标通过规模以上工业企业R&D项目数和国家级企业技术中心数进行测量。排名前10位的城市(见图4-10)分别为上海(98.81)、天津(93.41)、北京(81.95)、深圳(64.70)、苏州(61.21)、广州(54.30)、杭州(53.61)、宁波(51.77)、青岛(46.24)和成都(39.27)。

从R&D项目数这一指标来看，大致可分为：万级，包括上海(12833)、天津(12062)、深圳(11419)、宁波(10853)以及苏州(10832)；千级，共36个城市；百级，共13个城市。从国家级技术中心数这一指标来看，国家级技术中心主要集中在北京(42)、上海(41)和天津(39)3个直辖市，另外，有12个城市的国家级技术中心在15个或以上，有14个城市在4个以下。

4.3 产出类指标排名

产出类指标由产业发展、居民生活、经济效益和可持续发展这4个二级指标构成。产出类指标排名前10位的城市分别为深圳(77.89)、北京(67.73)、广州(65.92)、无锡(65.28)、苏州(63.81)、鄂尔多斯(61.73)、杭州(60.36)、上海(59.74)、天津(58.81)和宁波(57.51)。本书收录的54个城市的平均值为

① 这一指标估计值较多。

47.77，其中 30 个城市的表现高于平均值，24 个城市低于平均值（见图 4-11）。

与其他两个一级指标相比，产出类指标各个城市间的差异相对较小。从区间上看，60 分（含）以上的有 7 个城市，50（含）～60 分的有 16 个城市，40（含）～50 分的有 16 个城市，40 分以下的有 15 个城市。

产业发展这个二级指标通过高技术产品出口额占商品出口额比重、规模以上工业企业科技活动新产品产值占规模以上工业企业总产值比重和第三产业产值占 GDP 比重进行测量。排名前 10 位的城市（见图 4-12）分别为深圳（76.46）、天津（70.80）、上海（65.93）、太原（62.30）、武汉（55.36）、厦门（53.59）、郑州（53.04）、济南（51.93）、杭州（51.22）和北京（51.20）。

从高技术产品出口额占商品出口额比重来看，郑州[①]（78.21%）、苏州（57.03%）、成都（54.34%）、无锡（53.24%）以及深圳（52.04%）的比重在 50%以上，而有 19 个城市出口产品的高技术含量较低（低于 10%）。从规模以上工业企业科技活动新产品产值占规模以上工业企业总产值比重来看，嘉兴（29.96%）、深圳（29.13%）、厦门（27.59%）、绍兴（25.62%）及其他 11 个城市新产品产值占比在 20%以上，另有 19 个城市的占比在 10%以下。最后，从第三产业产值占 GDP 比重来看，天津（76.46%）、海口（68.54%）、广州（63.59%）、上海（60.45%）这 4 个城市的比重在 60%以上，有 37 个城市相对平均地分布在 40%（含）～60%，40%以下的有 13 个城市。

居民生活这个二级指标通过城镇居民失业率和城镇居民人均可支配收入进行测量。排名前 10 位的城市（见图 4-13）分别为北京（86.15）、东莞（83.33）、泉州（78.94）、温州（78.09）、深圳（77.47）、广州（72.16）、苏州（69.64）、宁波（68.83）、杭州（68.81）和无锡（67.43）。

城镇居民失业率这一指标有 4 个城市在 2%以下，分别是泉州（1.20%）、北京（1.27%）、海口（1.32%）和兰州（1.63%），另有 5 个城市的失业率在 5%以上。从城镇居民人均收入来看，东莞（42944）、深圳（40742）、上海（40188）在 40000 元以上，30000（含）～40000 元的城市有 22 个，20000（含）～30000 元的城市有 26 个，低于 20000 元的城市有 3 个。

经济效益这个二级指标通过人均 GDP 进行测量。排名前 10 位的城市（见

---

① 需要提醒的是，2013 年富士康对河南省进出口贸易的贡献率为 74.2%（据大河网）。

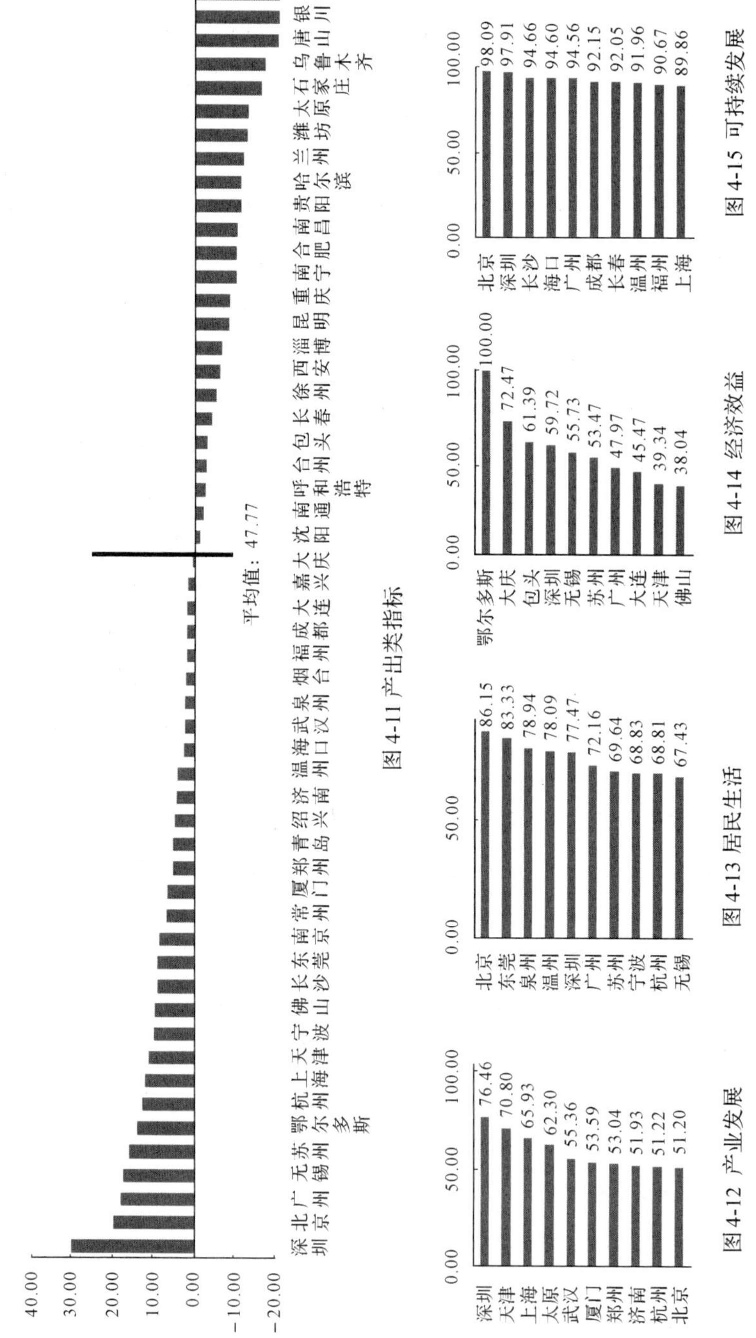

图4-11 产出类指标

图4-12 产业发展

图4-13 居民生活

图4-14 经济效益

图4-15 可持续发展

图4-14)分别为鄂尔多斯(100.00)、大庆(72.47)、包头(61.39)、深圳(59.72)、无锡(55.73)、苏州(53.47)、广州(47.97)、大连(45.47)、天津(39.34)和佛山(38.04)。

人均GDP有8个城市达到了100000元以上,分别为鄂尔多斯(182680)、大庆(142067)、包头(125709)、深圳(123247)、无锡(117357)、苏州(114029)、广州(105909)和大连(102216)。如以1万美元为标准,本书收录的54个城市中共有30个城市的人均地区生产总值超过1万美元。如考虑城镇居民人均收入与人均地区生产总值的比例,有14个城市在50%(含)以上,16个城市在40%(含)~50%,20个城市在30%(含)~40%,4个城市小于30%。

可持续发展这个二级指标通过单位GDP工业废水、废气、废物排放量和单位GDP综合能耗进行测量。排名前10位的城市(见图4-15)分别为北京(98.09)、深圳(97.91)、长沙(94.66)、海口(94.60)、广州(94.56)、成都(92.15)、长春(92.05)、温州(91.96)、福州(90.67)和上海(89.86)。本书针对可持续发展这一指标另有章节分析。

第5章　创新领先城市

本书收录的城市中创新表现排名前10位的城市分别为深圳、北京、上海、苏州、无锡、天津、杭州、宁波、广州和东莞，各个城市的基本信息（基于2012年统计数据）如表5-1所示。

表5-1　创新领先城市基本情况

总排名	城市	区域	GDP总量（亿元）	人均GDP（万元）	人均可支配收入（万元）	可持续发展水平（排名）
1	深圳	珠三角	12950.06	12.32	4.07	2
2	北京	环渤海	17879.40	8.75	3.65	1
3	上海	长三角	20181.72	8.54	4.02	10
4	苏州	长三角	12011.65	11.40	3.91	30
5	无锡	长三角	7568.15	11.74	3.57	14
6	天津	环渤海	12893.88	9.32	2.96	17
7	杭州	长三角	7802.01	8.90	3.75	24
8	宁波	长三角	6582.21	8.62	3.79	21
9	广州	珠三角	13551.21	10.59	3.81	5
10	东莞	珠三角	5010.17	5.88	4.29	26

排名前10位的城市均来自沿海发达地区，分属长三角经济圈（5个）、珠三角经济圈（3个）和环渤海经济圈（2个）。10个城市的总GDP约为11.64万亿元，占2012年当年全国所有城市GDP的20.28%。除东莞外，人均GDP都在8万元以上，其中深圳、苏州、广州和无锡的人均GDP超过10万元。另外，除天津外，其他9个城市的人均可支配收入均在3.5万元以上，深圳、上海以及东莞的人均可支配收入超过了4万元。

深圳　深圳的创新资源和创新产出两个一级指标排名第1，在创新过程方面的表现也非常强势(排名第 2)。在创新资源方面,深圳在教育资源(排名第 44)落后于其他城市的情况下,依靠技术人力资源(排名第 1)、科技投资资源(排名第 2)以及基础设施资源(排名第 2)的全面优势,在资源类指标的排名中远远领先于其他城市。如以研发人员数考察企业的研发强度,则深圳企业在研发方面的人员投入(每万人规模以上工业企业 R&D 活动人员数,612.60 人)远远超过其他城市。深圳企业在研发经费(R&D 经费占 GDP 的比重,3.77%),科技拨款(地方财政科技拨款占地方财政支出比重,5.05%)和企业研发经费(规模以上工业企业 R&D 经费支出占规模以上主营业务收入比重,2.20%)方面均处于全国领先地位。

在过程类指标中,深圳在技术独立性(排名第 19)方面的表现处于城市样本的中游,具体表现为技术引进经费和消化吸收经费在规模以上企业研发经费中所占比例较低。由于在知识创新(排名第 3)以及创新组织与活力(排名第 4)方面的积极表现,仍然能够将创新资源较好地转化为创新产出。深圳在专利和发明专利授权数量上(每十万人专利授权数,1689.65 件;每十万人发明专利授权数,453.75 件),远超于其他城市。另外,深圳在规模以上工业企业 R&D 项目数(11419 件)上也仅次于上海和天津,位列第 3。

在产出类的各个指标中,深圳在产业发展(排名第 1)、居民生活(排名第 5)、经济效益(排名第 4)以及可持续发展(排名第 2)方面的表现均衡,说明深圳能够以较小的环境代价,将领先的创新资源有效转化为经济、产业、民生方面的成果。具体来看,深圳的企业能够持续推出一定数量的新产品(规模以上工业企业科技活动新产品产值占规模以上工业企业总产值比重,29.13%),超过一半的 GDP 来自于第三产业(55.64%),并且人均 GDP 仅次于 3 个资源型城市(大庆、鄂尔多斯和包头),达到了 12.32 万元。居民人均收入(4.07 万元)和失业率(2.40%)均保持在较优水平,且工业三废排放和单位 GDP 能耗均较低。

深圳的二级指标雷达图如图 5-1 所示。

北京　北京在创新过程这个一级指标排名中位列第 1,创新资源和创新产出方面排名第 2。在创新资源方面,北京的技术人力资源(排名第 2)和科技投资资源(排名第 1)的表现出色。在技术人力资源方面,北京的研发人员从总量(R&D 折合全时人员,23.55 万人年)上看远远多于国内的大部分城市;北京对研发的重视(R&D 经费占 GDP 的比重,6.48%;地方财政科技拨款占地方财政

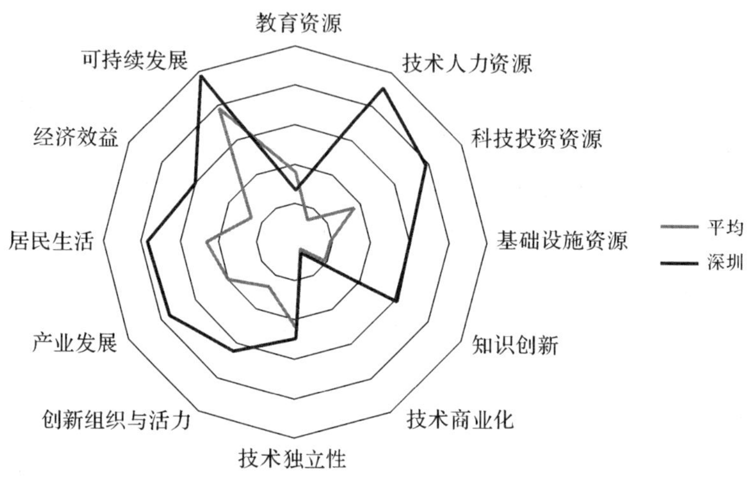

图 5-1　二级指标雷达图(深圳)

支出比重,5.58%)也使得其在科技投资资源方面领先于其他城市。北京在教育资源(排名第 6)和基础设施资源(排名第 9)的表现相对一般①。

在创新过程方面,北京的技术商业化(排名第 1)和创新组织与活力(排名第 3)指标的排名领先;在技术商业化方面,北京的技术市场成交额(2458.50 亿元)几乎是其他 53 个城市的总和②。与此同时,北京的国家级企业技术中心的数量(42 个)也是所有城市中最多的。在知识创新(排名第 17)和技术独立性(排名第 47)两个二级指标中,北京的表现较弱,尤其是在引进技术的消化吸收(规模以上工业企业消化吸收经费与技术引进经费比例,17.85%)和研发投入的效率方面(每亿元研究开发投入所取得的专利授权数,43.62 件),处于参评城市的下游水平。

在创新产出方面,北京在以城镇居民失业率(1.27%)和城镇居民人均可支配收入(36469 元)衡量的居民生活指标(排名第 1),以及以工业废水、废气、废物排放量和单位 GDP 综合能耗衡量的可持续发展指标(排名第 1)中领先于其他城市。产业发展(排名第 10)和经济效益(排名第 14)的表现相对较差。

---

① 本书并未将高校排名等"质量"因素计入指标。

② 当然这也与北京特殊的行政地位有关。

北京的二级指标雷达图如图 5-2 所示。

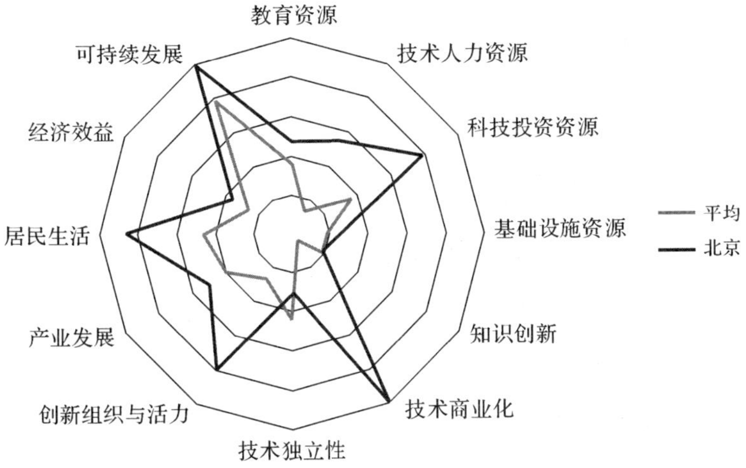

图 5-2 二级指标雷达图(北京)

上海 上海的创新资源类指标排名第 4,创新过程类指标排名第 5,创新产出类指标排名第 8。在创新资源方面,上海的技术人力资源(排名第 3)、科技投资资源(排名第 4)和基础设施资源(排名第 5)的表现优于教育资源(排名第 19)。在技术人力资源的构成指标中,上海的 R&D 折合全时人员数仅次于北京和深圳,达到了 15.59 万人年。在科技投资资源的构成指标中,地方财政科技拨款占地方财政支出比重达到了 5.99%(仅次于苏州)。

在创新过程方面,上海在技术独立性方面的排名较低(排名第 51),在知识创新方面排名中游(排名第 22),其技术商业化(排名第 2)和创新组织与活力(排名第 1)的表现优秀。从技术市场成交额(518.75 亿元)看,上海仅次于北京。在技术引进方面投入较多(规模以上工业企业技术引进经费占本地区规模以上工业企业 R&D 经费比重,15.70%),但在消化吸收再创新方面投入不足(规模以上工业企业消化吸收经费与技术引进经费比例,46.16%)。从创新组织与活力角度看,上海在规模以上工业企业 R&D 项目的总数(12833 个)上处于领先地位,同时国家级企业技术中心(41 个)的数量仅比北京少 1 个。

上海在创新产出方面的表现略逊于其他两大指标,其中产业发展(排名第 3)优于居民生活(排名第 26)、经济效益(排名第 16)和可持续发展(排名第 10)。

上海的城镇居民人均可支配收入较高(40188元)，但城镇居民失业率(4.20%)处于下游水平。

上海的二级指标雷达图如图5-3所示。

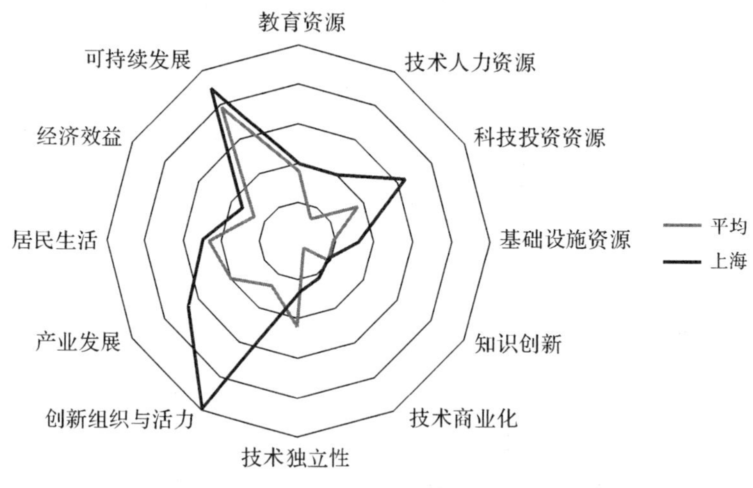

图5-3　二级指标雷达图(上海)

苏州　苏州的创新资源类指标排名第6，创新过程类指标排名第3，创新产出类指标排名第5。在创新资源方面，苏州的教育资源(排名第42)落后于平均水平，但技术人力资源(排名第4)、科技投资资源(排名第5)和基础设施资源(排名第8)均表现较好。苏州每万人规模以上工业企业R&D活动人员接近200人(196.49人)，并且R&D折合全时人员数超过了10万人年(10.63万人年)。如果从科技拨款来考察地方政府对创新的重视程度，苏州政府对于科技最为重视(地方财政科技拨款占地方财政支出比重，6.03%)。

在创新过程方面，苏州在知识创新(排名第2)和创新组织与活力(排名第5)上的表现与其排名基本相符，技术商业化(排名第11)相对落后，技术独立性排名靠后(排名第40)。苏州在专利授权数(每十万人专利授权数，1519.45件)方面仅次于深圳，同时研发经费的使用效率也在排名前10位的城市中最高(每亿元研究开发投入所取得的专利授权数，315.17件)。此外，苏州的规模以上工业企业R&D项目数也超过了1万个(10832个)。

在创新产出方面，苏州在产业发展(排名第11)和可持续发展(排名第30)方面的表现落后于居民生活(排名第 7)和经济效益(排名第 6),可持续发展这个二级指标在前 10 位城市中排名末尾。在经济效益方面,苏州的人均 GDP 达到 11.40 万元。苏州也以较低的城镇居民失业率(2.70%)和较高的城镇居民人均可支配收入(39079 元),在居民生活方面排名前列。

苏州的二级指标雷达图如图 5-4 所示。

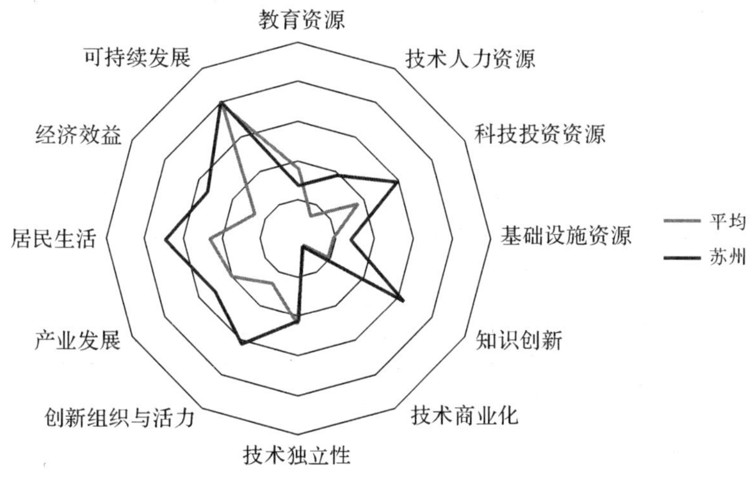

图 5-4　二级指标雷达图(苏州)

无锡　无锡的创新资源类指标排名第 9,创新过程类指标排名第 8,创新产出类指标排名第 4。在创新资源方面,无锡在技术人力资源(排名第 6)和科技投资资源(排名第 3)方面表现优秀,教育资源(排名第 36)和基础设施资源(排名第 15)相对落后。无锡每万人规模以上工业企业 R&D 活动人员数(163.41 人)和 R&D 折合全时人员数(6.55 万人年)均为较优水平。另外,在 R&D 经费占 GDP 比重(2.88%)、地方财政科技拨款占地方财政支出比重(5.71%)、规模以上工业企业 R&D 经费支出占规模以上主营业务收入比重(1.46%)方面均领先于大部分城市。

在创新过程方面,无锡在知识创新(排名第 6)方面排名较前,技术商业化(排名第 14)、技术独立性(排名第 21)和创新组织与活力(排名第 16)方面表现一般。无锡在每十万人专利授权数(1094.28 件)上超过千件,在所有城市中位列第 4,并且专利取得的效率较高(每亿元研究开发投入所取得的专利授权数,

236.09件）。另外，无锡的规模以上工业企业R&D项目数（7624个）也领先于大多数城市。

在创新产出方面，无锡的经济效益（排名第5）指标较好，产业发展（排名第14），居民生活（排名第10）和可持续发展（排名第14）优于平均水平。2012年，无锡的城镇居民人均可支配收入（3.57万元）和城镇居民失业率（2.40%）均处在参评城市的前列，同时，人均GDP（11.74万元）这一经济效益指标也较好。

无锡的二级指标雷达图如图5-5所示。

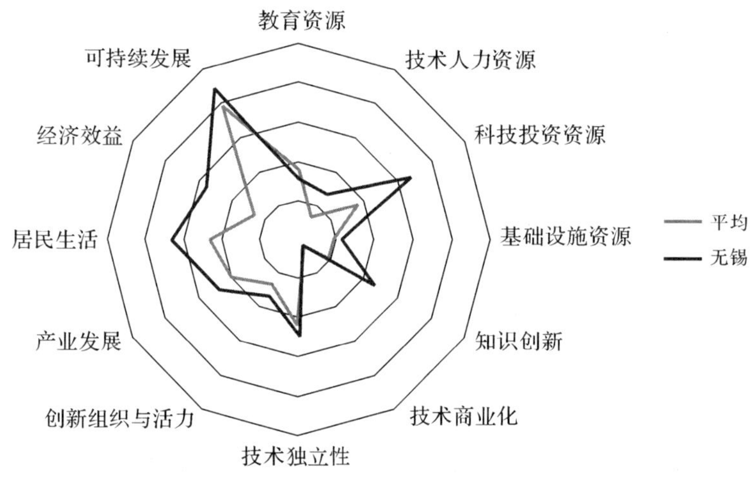

图5-5　二级指标雷达图（无锡）

天津　天津的创新资源类指标排名第14，创新过程类指标排名第6，创新产出类指标排名第9。在创新资源方面，天津在技术人力资源（排名第7）方面的表现要好于教育资源（排名第15），科技投资资源（排名第13）和基础设施资源（排名第42）。从技术人力资源角度看，天津每万人规模以上工业企业R&D活动人员数（81.53人）和R&D折合全时人员数（8.96万人年）指标要优于平均水平。天津相对落后的是基础设施资源方面的各个指标，与领先城市相比都有较大的差距。

在创新过程方面，天津在技术商业化（排名第4）和创新组织与活力（排名第2）方面表现优秀，而技术独立性（排名第28）和知识创新（排名第33）方面处于参评城市的中下游水平。天津的技术市场成交额（232.33亿元）在参评城市中位列第4，同时在规模以上工业企业R&D项目数（12062个）上仅次于上海，在国家级企业技术中心数(39 个)上仅次于北京和上海。在技术独立性方面表现较好(规模以上工业企业技术引进经费占本地区规模以上工业企业 R&D 经费比重,4.52%),但在引进技术的消化吸收(规模以上工业企业消化吸收经费与技术引进经费比例,62.62%)方面的投入不足。

在创新产出方面,天津在产业发展(排名第 2)和经济效益(排名第 9)方面的表现要优于居民生活(排名第 39)和可持续发展(排名第 17)。天津第三产业产值占 GDP 比重(76.46%)要优于其他所有参评城市。由于较高的城镇居民失业率(3.60%)和较低的城镇居民人均可支配收入(2.96 万元),天津在居民生活这一指标上排名较后。

天津的二级指标雷达图如图 5-6 所示。

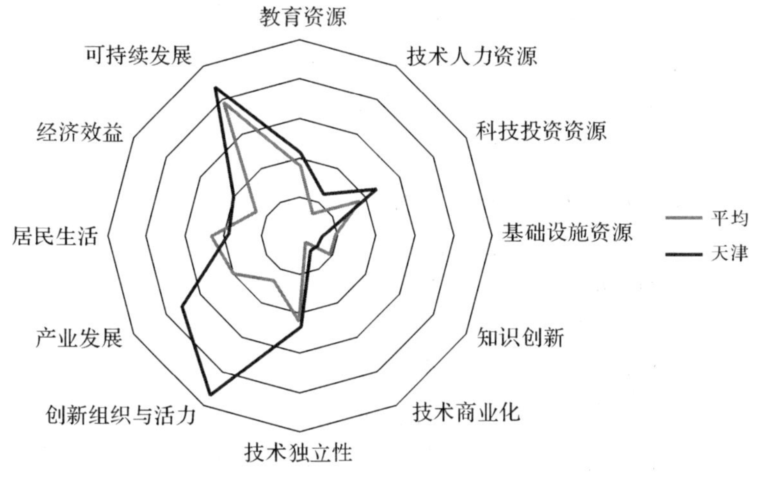

图 5-6　二级指标雷达图(天津)

杭州　杭州的创新资源类指标排名第 12,创新过程类指标排名第 7,创新产出类指标排名第 7。在创新资源方面,杭州的技术人力资源(排名第 10)和科技投资资源(排名第 6)能够进入前十,而教育资源(排名第 23)和基础设施资源(排名第 26)相对落后。从每万人口普通高校在校生数量上看,杭州(655.49 人)在前十城市中仅次于广州。另外,在地方政府对科技创新的投入中,杭州以 5.37% 的地方财政科技拨款占地方财政支出比重,处于所有参评城市的第 6 位。

在创新过程方面,杭州在知识创新(排名第 9)、技术独立性(排名第 11)、创新组织与活力(排名第 7)和技术商业化(排名第 16)的表现均优于平均水平。从每十万人专利授权数上看，杭州(580.30件)仅次于深圳、苏州、东莞和宁波，在每十万人发明专利授权数(78.88件)上仅次于深圳、北京和上海。与其他参评城市比较，杭州在技术创新独立性方面表现较好(规模以上工业企业技术引进经费占本地区规模以上工业企业R&D经费比重，1.65%)，同时也能够投入一定资源对引进技术进行消化吸收(规模以上工业企业消化吸收经费与技术引进经费比例，74.68%)。最后，杭州在规模以上工业企业R&D项目数(5854个)和国家级企业技术中心数(26个)上的表现优于多数参评城市。

在创新产出方面，除可持续发展(排名第24)指标外，杭州在产业发展(排名第9)、居民生活(排名第9)和经济效益(排名第12)方面的表现比较均衡。杭州在规模以上工业企业科技活动新产品产值占规模以上工业企业总产值比重(24.60%)、第三产业产值占GDP比重(50.94%)、城镇居民失业率(2.55%)、城镇居民人均可支配收入(3.75万元)和人均GDP(8.90万元)这些指标上的表现处在参评城市的前列。在可持续发展方面，杭州在单位GDP工业废水排放量(5.48万吨/亿元)方面表现较差。

杭州的二级指标雷达图如图5-7所示。

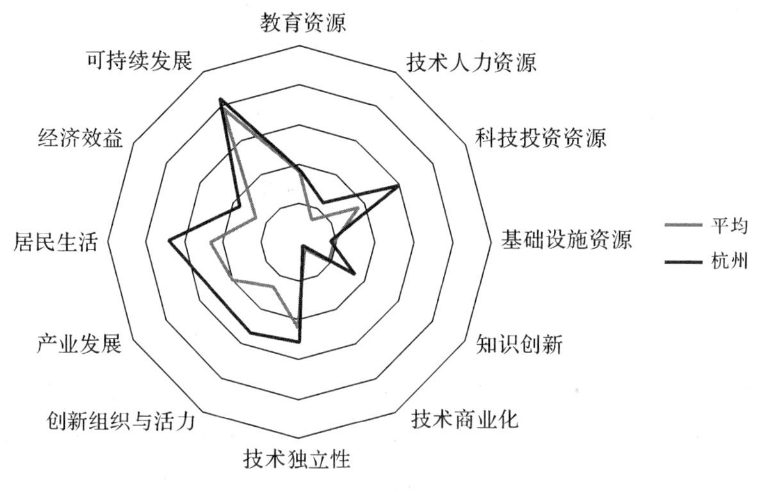

图5-7　二级指标雷达图(杭州)

宁波　宁波的创新资源类指标排名第18，创新过程类指标排名第4，创新产出类指标排名第10。在创新资源方面，宁波的表现并不突出，教育资源(排名第37)、技术人力资源(排名第14)、科技投资资源(排名第22)和基础设施资源(排名第 18)的排名均低于宁波的综合排名。

在创新过程方面，宁波的知识创新(排名第 1)和创新组织与活力(排名第 8)要好于技术商业化(排名第 41)和技术独立性(排名第 26)。宁波每十万人专利授权数超过了千件(1024.30 件)，并且每亿元研究开发投入所取得的专利授权数(440.09 件)是所有参评城市中最高的。宁波在技术独立性方面(规模以上工业企业技术引进经费占本地区规模以上工业企业 R&D 经费比重，2.15%)表现较好，但在消化吸收(规模以上工业企业消化吸收经费与技术引进经费比例，9.89%)方面的表现处于下游水平。最后，在规模以上工业企业 R&D 项目数(10853 个)上，宁波仅次于上海、天津和深圳。

在创新产出方面，宁波在居民生活(排名第 8)方面的表现较好，经济效益(排名第 15)、可持续发展(排名第 21)和产业发展(排名第 27)相对较弱。宁波在城镇居民人均可支配收入(3.79 万元)和城镇居民失业率(2.60%)等经济效益指标的表现较好。

宁波的二级指标雷达图如图 5-8 所示。

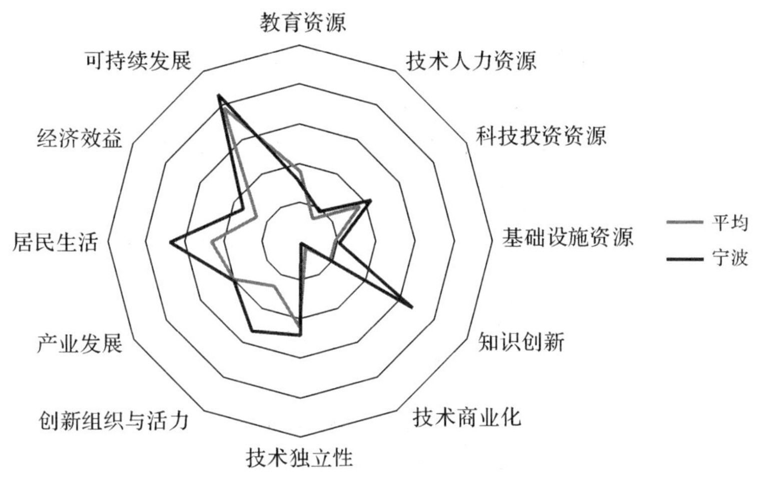

图 5-8　二级指标雷达图(宁波)

广州　广州的创新资源类指标排名第 10，创新过程类指标排名第 21，创新产出类指标排名第 3。在创新资源方面，广州在教育资源(排名第 8)、技术人力资源(排名第 8)和基础设施资源(排名第 7)这 3 个指标的表现好于科技投资资源(排名第 21)。在教育资源方面，广州每万人普通高校在校生数量(1142.20

人)在所有城市中仅次于武汉。同时,广州在地方财政科技拨款方面保持了较高的比重(3.97%)。

在创新过程方面,广州在技术商业化(排名第5)和创新组织与活力(排名第6)方面表现优于知识创新(排名第20)和技术独立性(排名第53)。广州在技术引进方面投入较大(规模以上工业企业技术引进经费占本地区规模以上工业企业R&D经费比重,21.86%),但配套的消化吸收经费比例过低(规模以上工业企业消化吸收经费与技术引进经费比例,6.91%)。

在创新产出方面,广州在居民生活(排名第6)、经济效益(排名第7)和可持续发展(排名第5)方面表现均较好,产业发展(排名第15)相对较弱。第三产业产值占GDP比重仅次于天津和海口,达到63.59%。另外,在城镇居民失业率(2.40%)、城镇居民人均可支配收入(3.81万元)、人均GDP(10.59万元)等方面表现较为突出。广州在单位GDP工业废水、废气、废物排放量以及单位GDP综合能耗方面的表现也优于平均水平。

广州的二级指标雷达图如图5-9所示。

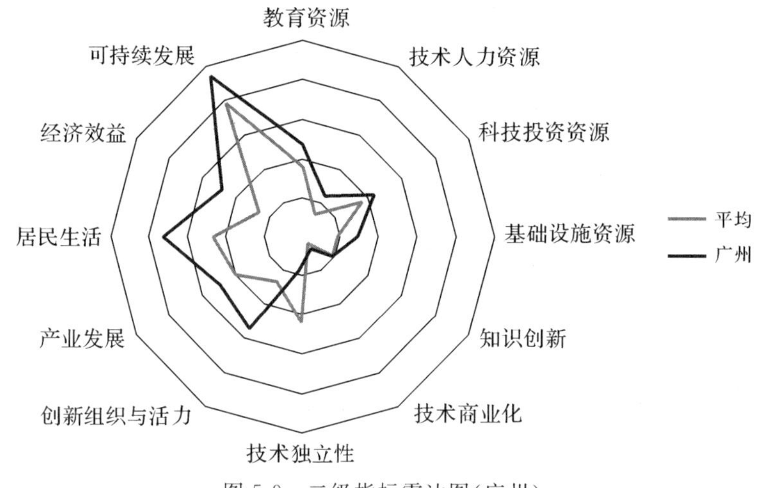

图5-9　二级指标雷达图(广州)

东莞　东莞的创新资源类指标排名第3,创新过程类指标排名第20,创新产出类指标排名第13。在创新资源方面,东莞在教育资源(排名第34)和科技投资资源(排名第23)落后的情况下,依靠在基础设施资源(排名第1)和技术人力资源(排名第5)方面的表现获得第3的排名。在教育资源方面,每万人普通高校在校生数量为 280.11 人，教师人数占学生人数的百分比为 5.21%，这在所有城市中处于下游水平。但与深圳相似，偏弱的教育资源并没有妨碍其对创新人才的吸引力，每万人规模以上工业企业 R&D 活动人员数为 229.52 人，R&D 折合全时人员数为 4.62 万人年。东莞当地政府对科技创新也较为重视，地方财政科技拨款占地方财政支出比重达到了 4.81%。在基础设施资源方面，东莞在电信基础设施普及率和城镇居民人均住房建筑面积方面均排名第 1。

创新过程方面，东莞在知识创新（排名第 7）方面的表现要好于技术商业化（排名第 27）、技术独立性（排名第 43）和创新组织与活力（排名第 37）。东莞的每十万人专利授权数超过千件（1117.65 件），在专利取得的效率方面也表现较好（每亿元研究开发投入所取得的专利授权数，212.83 件），但如考察技术消化吸收方面的努力，会发现东莞在这一方面远落后于国内其他城市（规模以上工业企业消化吸收经费与技术引进经费比例，6.76%）。

创新产出方面，东莞在居民生活（排名第 2）方面的表现优秀，在产业发展（排名第 23）、经济效益（排名第 32）和可持续发展（排名第 26）方面表现相对不足。东莞的城镇居民人均可支配收入（4.29 万元）超过了其他参评城市，同时 2.30%的城镇居民失业率水平也优于大部分城市。

东莞二级指标雷达图如图 5-10 所示。

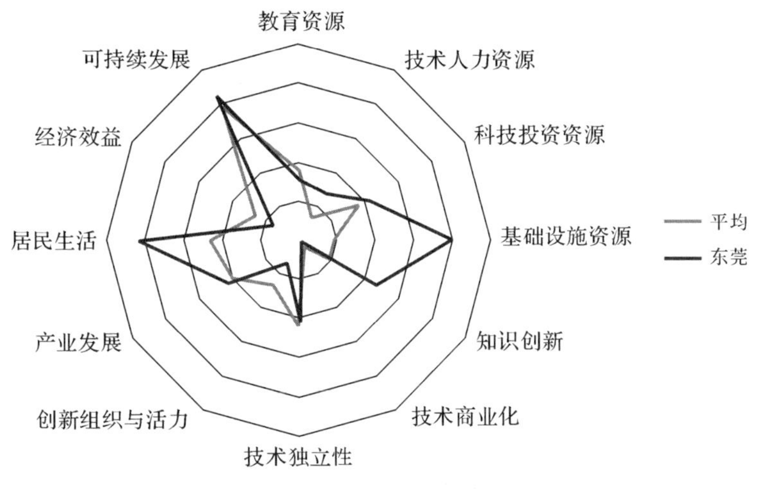

图 5-10　二级指标雷达图（东莞）

第6章　经济圈排名与分析

自我国改革开放以来，逐渐形成了长三角、珠三角以及环渤海三大经济圈[①]。这三大经济圈构成了我国制造、金融、信息、服务、交通等各个行业的核心，是国民经济发展的主引擎。面对转变发展模式、产业结构优化升级的压力，三个经济圈的创新能力起到决定性的作用。在本书收录的城市中半数以上的城市（29个）属于三大经济圈（见图6-1），包括长三角经济圈：上海、苏州、无锡、杭州、宁波、南京、常州、温州、绍兴、南通、嘉兴、台州、合肥和徐州；珠三角经济圈：深圳、广州、东莞和佛山；环渤海经济圈：北京、天津、济南、青岛、烟台、大连、沈阳、淄博、潍坊、石家庄和唐山。

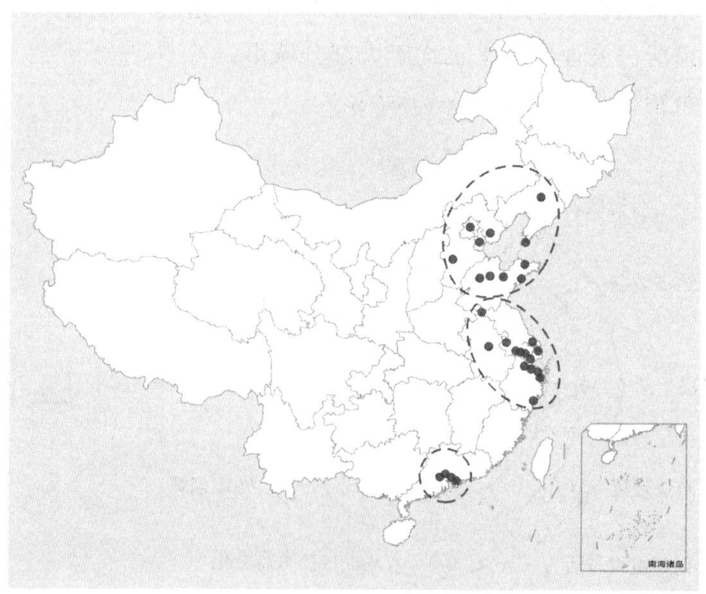

图6-1　三大经济圈

① 三大经济圈的划分及城市选择请见附录1。

6.1　长三角经济圈

长三角经济圈位于中国东部江海交汇之处，是中国城市化程度和经济发展水平最高的地区，工业总产值占全国的近 1/4。在本书中，属于长三角经济圈的城市包括上海、苏州、杭州、无锡、宁波、南京、常州、温州、南通、绍兴、嘉兴、台州、合肥、徐州（见图 6-2、图 6-3 及表 6-1）。

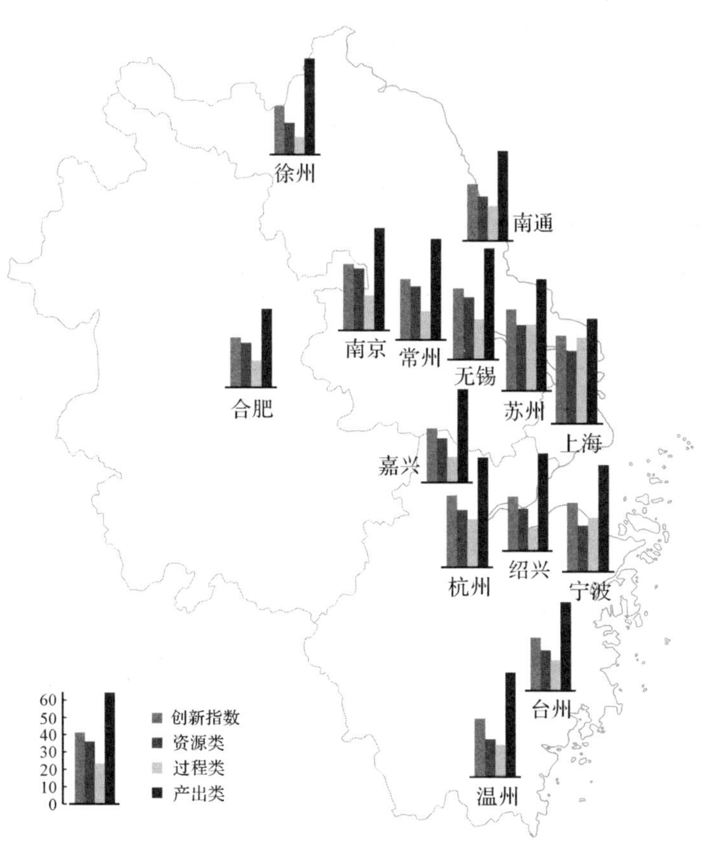

图 6-2　长三角经济圈城市及创新表现

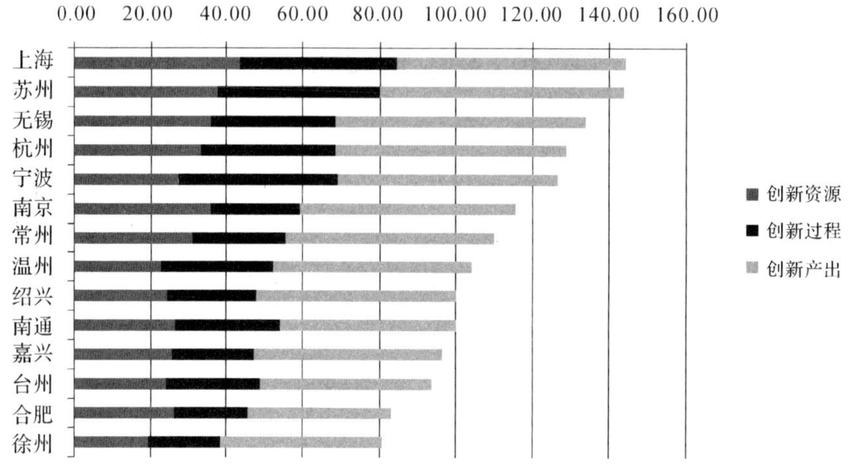

图 6-3　长三角经济圈城市创新指数一级指标

表 6-1　长三角经济圈城市创新指数

城市	总排名	指数	资源类	排名	过程类	排名	产出类	排名
上海	3	48.05	43.32	4	41.09	5	59.74	8
苏州	4	47.85	37.59	6	42.16	3	63.81	5
无锡	5	44.54	35.82	9	32.52	8	65.28	4
杭州	7	42.91	33.35	12	35.03	7	60.36	7
宁波	8	42.15	27.30	18	41.66	4	57.51	10
南京	11	38.51	36.01	8	23.29	22	56.22	14
常州	14	36.65	31.04	15	24.51	16	54.40	15
温州	17	34.69	22.82	28	29.42	11	51.83	21
绍兴	20	33.37	24.48	24	23.10	24	52.51	19
南通	21	33.29	26.59	19	27.65	13	45.62	32
嘉兴	25	32.17	25.81	21	21.25	30	49.45	29
台州	29	31.24	24.00	26	24.87	15	44.87	34
合肥	36	27.69	26.28	20	19.31	35	37.48	43
徐州	37	26.92	19.25	41	18.94	36	42.56	37

在本书收录的城市中，属于长三角经济圈三省一市的城市达到了14个，江苏省与浙江省均有6个城市入围，其中5个城市入围了创新指数排名的前10位，其他城市也较为优秀，大多数城市的创新指数在中位数以上。从地理分布上看，多数城市聚集在以上海为中心的块状区域中。与上海距离相对较远的3个城市台州、合肥与徐州在长三角区域中的创新表现落后。

从3个一级指标来看，上海、苏州、无锡在创新资源、创新过程和创新产出方面均处于前10位。杭州和宁波在创新过程和产出方面进入前10位，南京在创新资源方面处于第8位。长三角经济圈城市尤其是领先城市在创新资源方面表现较弱，区域优势主要表现在创新过程方面，大部分城市在这一指标上的表现较好。区域内排名靠后的几个城市，创新过程表现相对较好，但创新产出方面表现低于平均水平。

长三角经济圈各城市间二级指标的比较如图6-4至图6-6所示。其中较为明显的特征为：

(1)教育资源与基础设施资源普遍较弱，技术人力资源与科技投资资源集中。

(2)知识创新水平参差不齐，技术商业化活跃度低。

(3)经济效益反差较大，可持续发展水平高。

6.2　珠三角经济圈

珠三角地区是我国改革开放的桥头堡，也是我国重要的加工制造和出口基地。在本书中，属于珠三角经济圈的城市包括深圳、广州、东莞和佛山(见图6-7、图6-8及表6-2)。

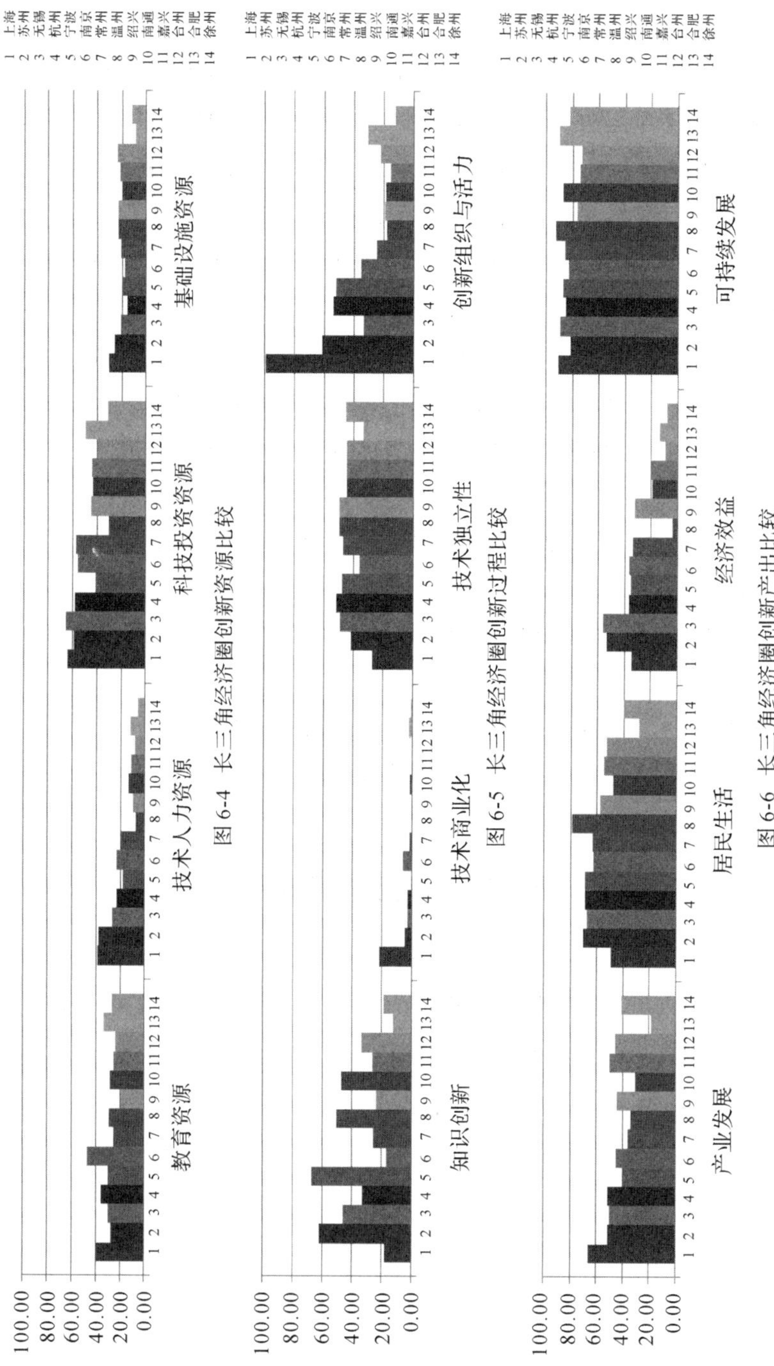

图 6-4　长三角经济圈创新资源比较

图 6-5　长三角经济圈创新过程比较

图 6-6　长三角经济圈创新产出比较

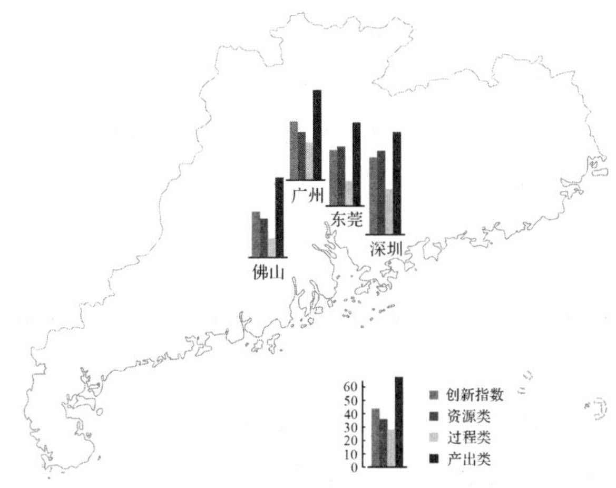

图 6-7　珠三角经济圈城市及创新表现

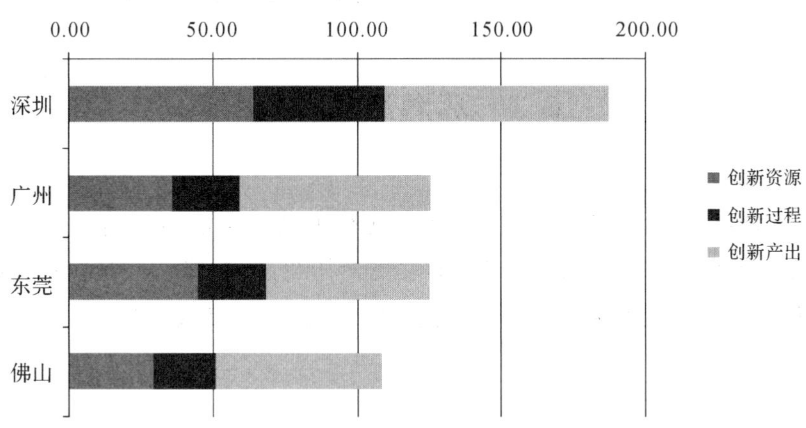

图 6-8　珠三角经济圈城市创新指数一级指标

表 6-2　珠三角经济圈城市创新指数

城市	总排名	指数	资源类	排名	过程类	排名	产出类	排名
深圳	1	62.40	64.09	1	45.23	2	77.89	1
广州	9	41.76	35.73	10	23.64	21	65.92	3
东莞	10	41.66	44.57	3	23.73	20	56.66	13
佛山	16	36.08	29.19	16	21.65	29	57.38	11

从区域面积看，珠三角地区是三个经济圈中最小的，但整体的创新表现优异。排名最后的佛山市，其创新指数也在第 16 位。从 3 个一级指标来看，珠三角的各个城市在教育资源以及技术人力资源（除深圳）不占优的情况下，依靠科技投资以及良好的基础设施，在资源类指标上有较好表现。与长三角地区类似，珠三角经济圈在过程类指标方面表现相对较弱，但珠三角经济圈的 4 个城市在创新产出上的排名均较高，具体表现为经济发展与环境保护的平衡，以及普遍较高的居民生活水平。

珠三角经济圈各城市间二级指标的比较如图 6-9 至图 6-11 所示，其较为明显的特征为：

（1）深圳在多个二级指标中领先，在区域内起到引领作用。

（2）科技投资与基础设施资源表现较好。

（3）广州、东莞和佛山 3 个城市的创新过程二级指标整体均偏低。

（4）居民生活水平高，区域内城市可持续发展指数均在较高水平。

6.3 环渤海经济圈

环渤海经济圈由京津冀、山东半岛和辽东半岛 3 个次级经济区的三省两市组成。在本书中，属于环渤海经济圈的城市包括北京、天津、济南、青岛、烟台、大连、沈阳、淄博、潍坊、石家庄和唐山（见图 6-12、图 6-13 及表 6-3）。

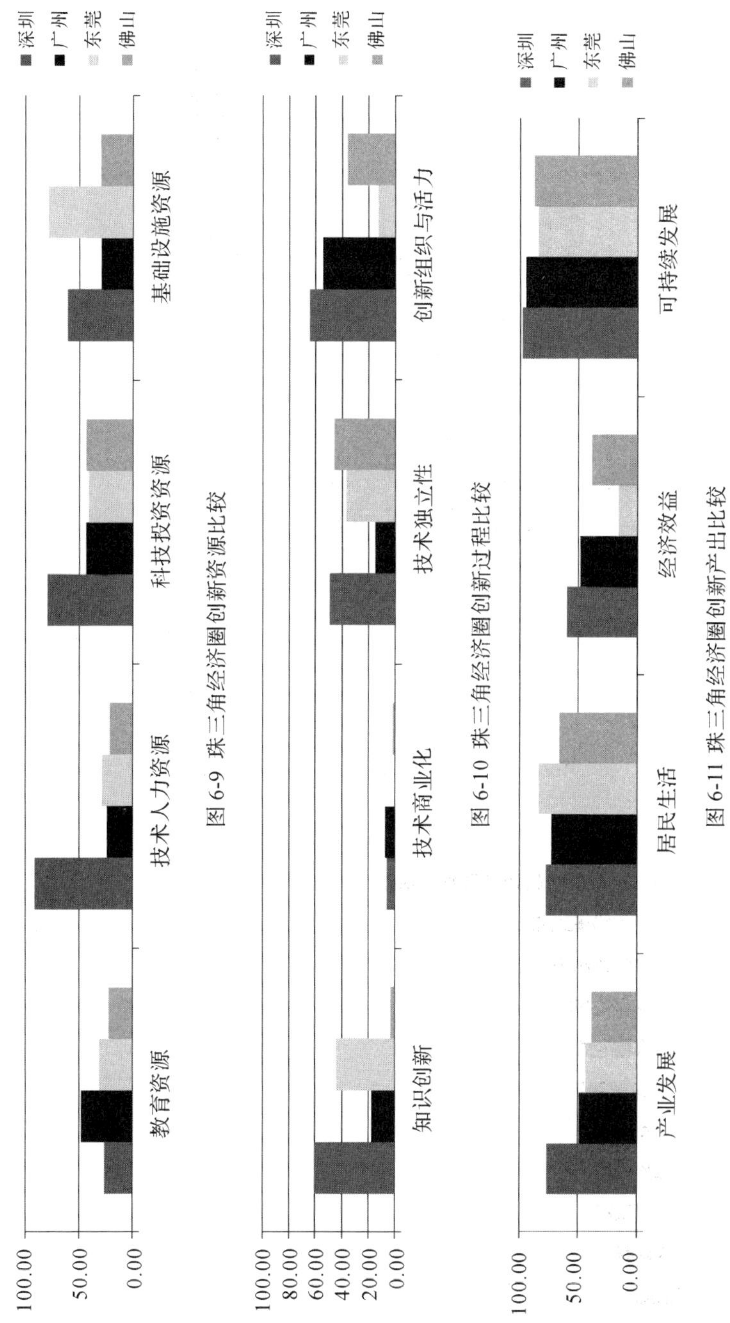

图 6-9 珠三角经济圈创新资源比较

图 6-10 珠三角经济圈创新过程比较

图 6-11 珠三角经济圈创新产出比较

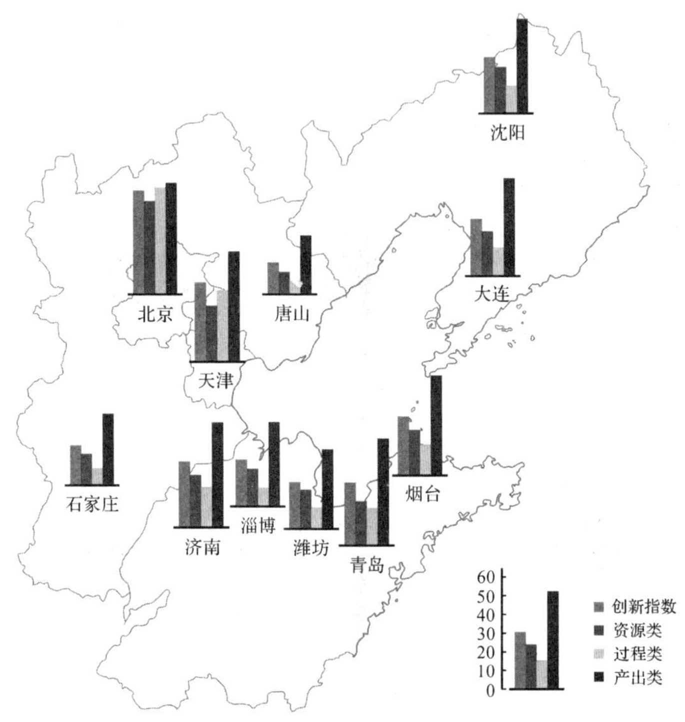

图 6-12 环渤海经济圈城市及创新表现

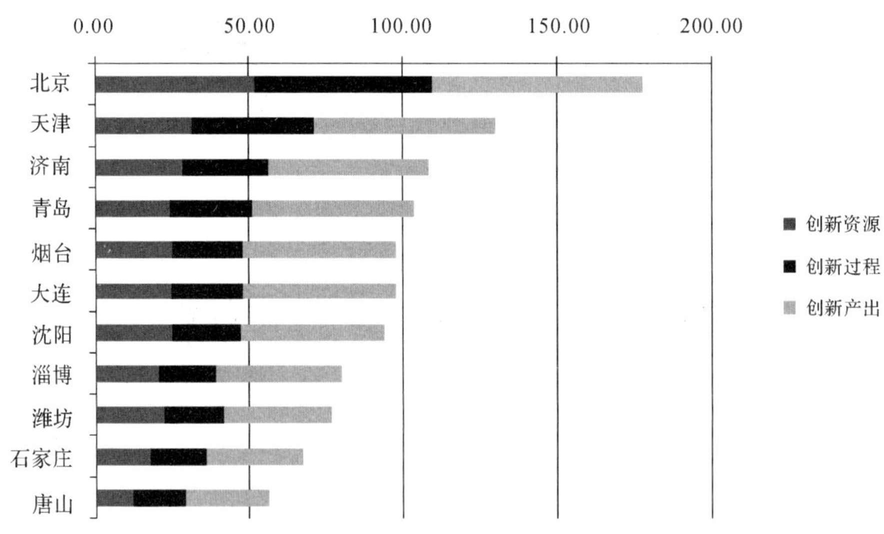

图 6-13 环渤海经济圈城市创新指数一级指标

表 6-3　环渤海经济圈城市创新指数

城市	总排名	指数	资源类	排名	过程类	排名	产出类	排名
北京	2	59.13	51.80	2	57.87	1	67.73	2
天津	6	43.31	31.34	14	39.79	6	58.81	9
济南	15	36.09	28.05	17	28.14	12	52.09	20
青岛	18	34.53	23.94	27	26.77	14	52.88	18
烟台	22	32.54	24.53	23	23.25	23	49.84	25
大连	23	32.51	24.15	25	23.90	19	49.49	28
沈阳	28	31.26	24.82	22	22.38	26	46.57	31
淄博	38	26.70	20.10	39	18.85	38	41.14	39
潍坊	43	25.54	21.90	31	19.80	34	34.93	48
石家庄	50	22.58	17.17	45	18.89	37	31.69	50
唐山	53	18.82	11.57	54	17.27	40	27.64	52

从总排名上看，城市创新能力的不平衡是环渤海经济圈的突出特点。北京（排名第 2）和天津（排名第 6）与河北省的石家庄（排名第 50）、唐山（排名第 53），山东省的淄博（排名第 38）、潍坊（排名第 43）的差距巨大。另一个与长三角和珠三角经济圈不同的特点是，从地理位置上看，离区域中心（北京和天津）距离较近的几个城市（石家庄、唐山、淄博和潍坊）的表现在区域内排名靠后。

从 3 个一级指标来看，环渤海经济圈在创新资源方面并不占优，但创新过程表现相对较好。遗憾的是，良好的创新过程并没有表现为较高的资源的利用效率，除北京、天津、青岛、淄博和唐山外，其他 6 个城市产出类得分的排名均高于资源类得分的排名。

环渤海经济圈各城市间二级指标的比较如图 6-14 至图 6-16 所示。其中较为明显的特征为：

（1）北京与天津在多个二级指标中领先，在区域内起到引领作用。

（2）教育资源表现较好，技术人力与基础设施资源表现较弱。

（3）知识创新水平偏低，技术独立性表现较好。

（4）居民生活与经济效益表现较差，区域内城市可持续发展水平两极分化较大。

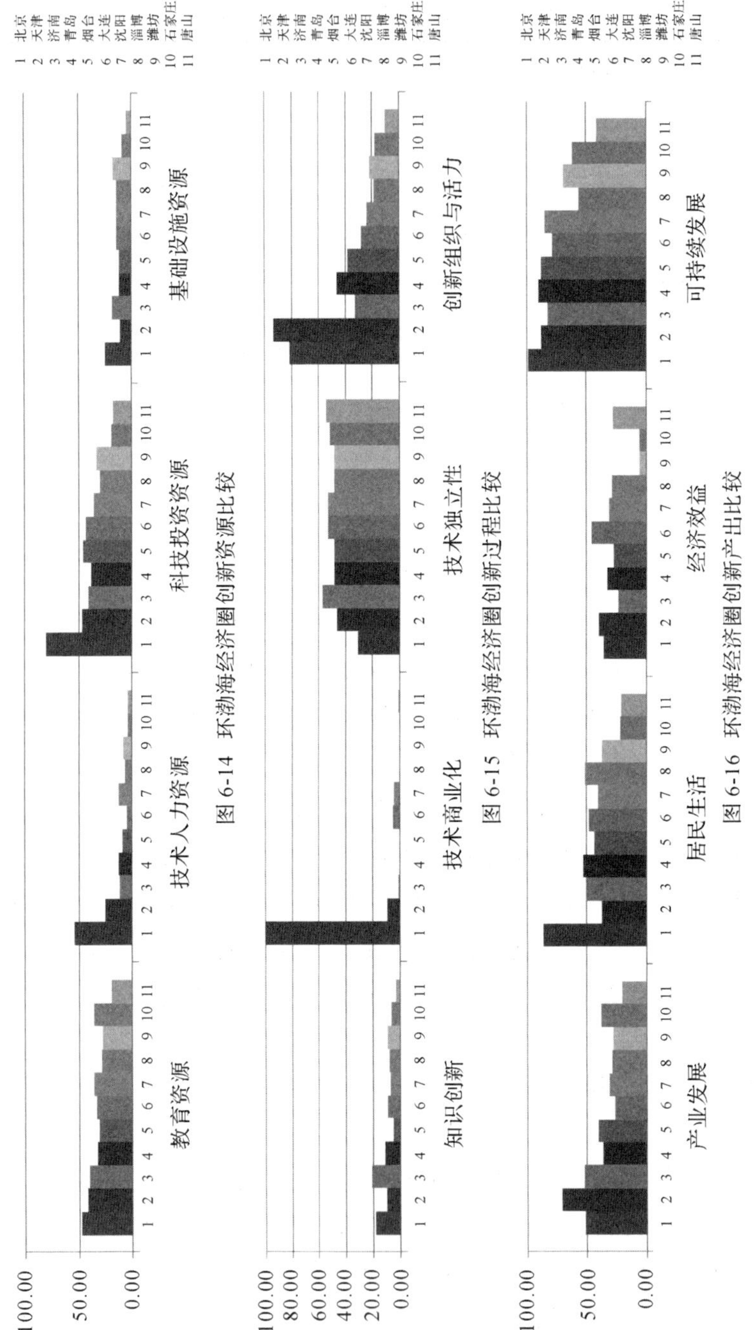

图 6-14 环渤海经济圈创新资源比较

图 6-15 环渤海经济圈创新过程比较

图 6-16 环渤海经济圈创新产出比较

第 7 章　单项指标分析

7.1　可持续发展

本书使用单位 GDP(亿元)的工业废水排放量、工业二氧化硫排放量以及工业烟(粉)尘的排放量来测量各个城市可持续发展的表现。在可持续发展这一得分上,排名前 10 位的城市分别为北京(98.09)、深圳(97.91)、长沙(94.66)、海口(94.60)、广州(94.56)、成都(92.15)、长春(92.05)、温州(91.96)、福州(90.67)和上海(89.86),得分在 80 分以上的城市有 33 个(见图 7-1)。如果以本书收录的城市的可持续发展指标的平均值为基准,排名靠前和靠后的城市间差异极大。排名前 10 位的城市平均得分为 93.65,排在后 10 位的城市平均得分为 52.52。

可持续发展指标在城市间的差异从区位上看也有一定的模式。图 7-2 以气泡的形式显示了各个城市在这一指标上的表现:所有城市按指标被等分为 4 组,气泡越大代表排污程度越大,即可持续发展指标越低。从图中亦可发现,表现较差的城市大部分集中在黄河流域。结合数据可以看到,这些城市在工业二氧化硫排放量、工业烟(粉)尘排放量以及单位 GDP 综合能耗这 3 个指标上均大幅落后于其他城市。在长三角经济圈中,区域内部在可持续发展方面的表现也呈现很大的差异性。与黄河流域不同的是,在这一区域中,影响城市可持续发展表现的指标主要是工业废水的排放量。

良好的创新表现不应以环境为代价。从图 7-3 中可以清晰地发现,可持续发展指标与创新指标间有明显的相关性:创新表现较差,其可持续发展表现也较差;创新表现较好,其可持续发展表现也较好。追求创新所带来的效率的提高和资源的充分利用,使城市的经济得到快速发展,从环境保护角度来看同样受益匪浅。

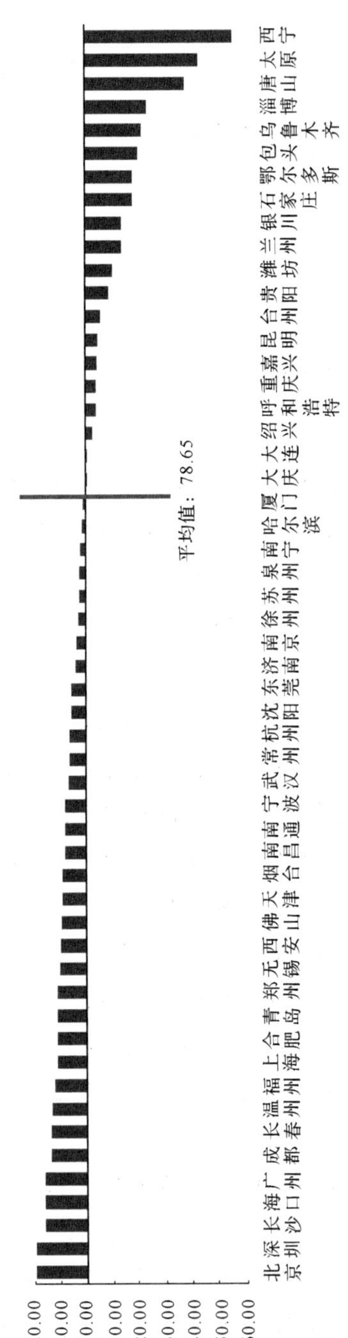

图 7-1 可持续发展指标

图 7-2 可持续发展指标分值分布

图 7-3 可持续发展指标与创新指数

需要指出的是，上述对可持续发展指标的比较仅限于中国城市，从世界平均水平看，我国在经济和环境的和谐发展方面处于较低水平。根据全球创新指数报告，在参与排名的所有 143 个国家和地区中，我国在环境表现这一指标上位列第 103 位，处于全球后 1/4 的位置。

7.2　创新资源利用效率

在本书收录的 54 个城市中，产出与资源之比平均为 1.96[①]。资源利用效率最高的城市集中在创新资源得分区间为 15(含)～25 分的城市。相对而言，反而是创新资源指数相对靠前的城市，资源利用效率较低，如创新资源排名前 10 位的城市(深圳、北京、东莞、上海、武汉、苏州、厦门、南京、无锡和广州)，其平均利用效率为 1.15。我们认为，在我国目前教育、人才、投资以及基础设施均处在促进培育的背景下，较低的资源利用效率并非意味着创新资源的“冗余”，而是在创新资源合理配置及有效利用方面仍待改善。从图 7-4 也可看出，创新资源指数较高的几个城市，其利用效率均在平均值以下。

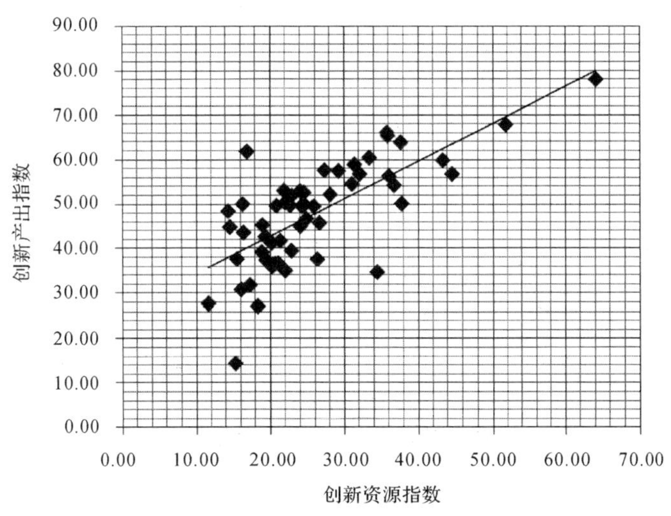

图 7-4　创新资源利用效率

① 注意此处仅为比值，用以间接说明资源利用效率。

7.3 自主创新与引进技术的消化吸收

自主创新与引进技术的消化吸收和再创新是发展中国家积累和发展创新能力、赶超发达国家的重要途径。在本书中涉及自主创新和消化吸收评价的有两个三级指标，即规模以上工业企业技术引进经费占本地区规模以上工业企业R&D经费比重和规模以上工业企业消化吸收经费与技术引进经费比例。技术引进经费比例越低，说明该地区对外技术依存度越低，也越注重自主创新。而企业消化吸收经费与技术引进经费比例越高说明企业对消化吸收能力培养的投入越多，更有利于培养自主创新能力。

图7-5描述了本书收录的城市的自主创新与引进技术的消化吸收的现状。规模以上工业企业技术引进经费占本地区规模以上工业企业R&D经费比重的平均值为5.79%，规模以上工业企业消化吸收经费与技术引进经费比例的平均

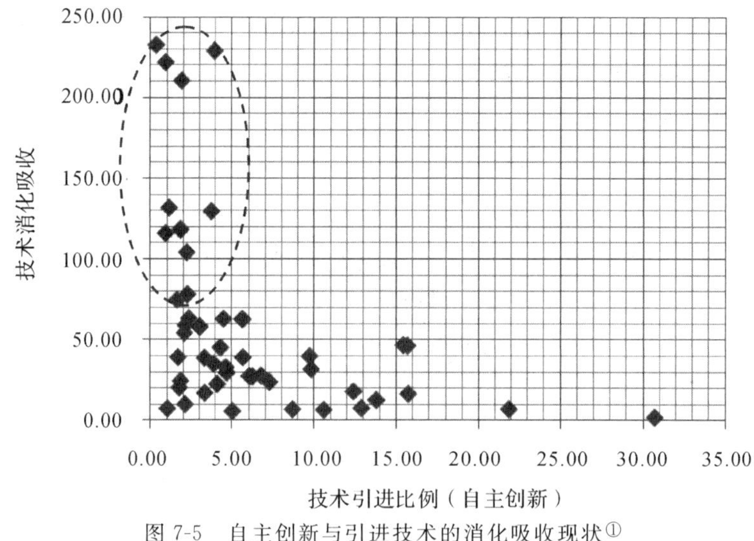

图7-5 自主创新与引进技术的消化吸收现状①

① 贵阳技术消化吸收的指标值为1046.35%（估计值），远高于其他城市。从示意图的可读性考虑，未加入到图中。

值为77.62%[①]。即图中虚线区域之内的少数城市，其在两方面的表现均好于平均水平。从目前的情况看，企业相对更重视技术的自主创新，而对引进技术的消化吸收和再创新的投入不足。按照发达国家的经验，消化吸收经费一般是技术引进经费的3倍以上，而本书收录的城市中只有贵阳、南宁、乌鲁木齐、长沙、济南、西安、西宁、大连、沈阳、唐山和石家庄这11个城市的规模以上工业企业消化吸收经费超过技术引进经费，其他城市的这两项经费间均有较大差距，其中8个城市这两项经费的比例低于0.10。

① 注意这两个指标的数据可得性较差，20个城市的数据需要通过估计得到。

附　　录

附录 1　经济圈的划分

一般认为，城市经济圈是若干密集城市构成的经济区域，是一国经济的重心区和增长极。在中国，这样的经济圈主要有长三角、珠三角和环渤海 3 个经济圈。上述三大经济圈是我国人口集聚最多、创新能力最强、综合实力最强的三大区域（国务院，2010）。综合现有的规划文件，三大经济圈的划分及相应功能定位如附表 1 所示。

附表 1　三大经济圈的划分与功能定位

名称	范围	功能定位
长三角经济圈	以上海为中心，南京、杭州为副中心，包括江苏的苏州、无锡、徐州、扬州、泰州、南通、镇江、常州、盐城、淮安、连云港、宿迁，浙江的宁波、温州、嘉兴、湖州、绍兴、舟山、台州、金华、衢州、丽水，安徽的合肥、马鞍山、芜湖、滁州、淮南共 30 个城市①。	长江流域对外开放的门户，我国参与经济全球化的主体区域，有全球影响力的先进制造业基地和现代服务业基地，世界级大城市群，全国科技创新与技术研发基地，全国经济发展的重要引擎，辐射带动长江流域发展的龙头。
珠三角经济圈	广州、深圳、珠海、佛山、江门、东莞、中山、惠州和肇庆②。	通过粤、港、澳的经济融合和经济一体化发展，共同构建有全球影响力的先进制造业基地和现代服务业基地，南方地区对外开放的门户，我国参与经济全球化的主体区域，全国科技创新与技术研发基地，全国经济发展的重要引擎，辐射带动华南、中南和西南地区发展的龙头。

① 根据国家发改委 2010 年 6 月 7 日发布的《长江三角洲地区区域规划》。

② 根据国家发改委 2008 年 12 月发布的《珠江三角洲地区改革发展规划纲要（2008—2020 年）》。

续表

名称	范围	功能定位
环渤海经济圈	划分方式较多，一般认为该区域包括京津冀、辽中南和山东半岛地区的主要城市。	北方地区对外开放的门户，我国参与经济全球化的主体区域，有全球影响力的先进制造业基地和现代服务业基地，全国科技创新与技术研发基地，全国经济发展的重要引擎，辐射带动“三北”地区发展的龙头。

附录2　三级指标意义及选用说明

1.1　教育资源

1.1.1　每万人普通高校在校生数量

每万人普通高校在校生数量反映了一个地区教育水平的高低、为未来发展提供高技术人才的潜力和教育的吸引力。高等教育可以吸引潜在的在该地区就业的高级人才，普通高等学校毕业生倾向于在他们受教育的地方工作。

1.1.2　每万人中等职业学校在校生数量

中等职业学校在校学生是一个地区的中等技术人才，每万人中等职业学校在校生数量反映一个地区技术储备人才的水平，对于大中城市来说，在校学生一般倾向于在学校所在地区就业。

1.1.3　普通高校和职业高中师生比

1.1.3.1　普通高校师生比

1.1.3.2　职业高中师生比

师生比越高，说明教师资源的投入程度越高，该指标是教育质量的一个方面的反映。除了教师素质以外，师生比也同样重要，因为它在很大程度上决定了师生互动的程度。

1.1.4　教育经费支出占GDP比重

各地区教育经费总投入包括国家财政性教育经费、社会捐资和集资办学经费、社会团体和公民个人办学经费、学费和杂费、其他教育经费，这些教育的总投入占地区 GDP 比重从一定程度上反映了该地区对教育的重视程度以及未来人才培养的潜力。

1.2 技术人力资源

1.2.1 每万人规模以上工业企业 R&D 活动人员数

R&D(科学研究与试验发展)是指在科学技术领域,为增加知识总量以及运用这些知识去创造新的应用而进行的系统性、创造性活动。每万人规模以上工业企业 R&D 活动人员数反映了一个地区 R&D 人力投入的强度,能够在一定程度上反映该城市的创新能力。

1.2.2 R&D 折合全时人员(万人年)

R&D 折合全时人员指参加 R&D 项目的人员以及 R&D 项目的管理人员和直接服务人员按全时人员折算的人年数。这个指标是研发人员贡献的一个表现,是创新的一个重要资源衡量指标,因此在一定程度上反映了城市的创新能力。

1.3 科技投资资源

1.3.1 R&D 经费占 GDP 比重

R&D 经费占 GDP 比重反映了一个社会对研发投入的重视程度,对区域的创新能力有着重要影响。

1.3.2 地方财政科技拨款占地方财政支出比重

地方财政科技拨款占地方财政支出比重指各省、自治区、直辖市地方财政的科技经费,不包括国务院部门拨给地方各部门的科技经费。这些经费表现了地方政府对当地的科技发展与创新的重视程度。这种宏观的指导一方面鼓励了企业的研发行为,另一方面支持了研究机构的科研创新,地方财政科研拨款是大学、科研机构以及企业研发活动重要的资金来源。

1.3.3 规模以上工业企业 R&D 经费支出占规模以上主营业务收入比重

企业 R&D 经费的主要来源是企业内部的销售收入,这个指标反映了企业对研发的重视程度,研发活动使得企业可以开发新产品和服务,从而始终保持竞争的优势。企业的研发活动对创新型经济发展起着关键的作用,因为企业的研发活动反映了该地区企业对于未来的投资程度。R&D 经费的多少是一个企业研究开发能力大小的标志。

1.4 基础设施资源

1.4.1 电信基础设施普及率

1.4.1.1 每百人平均拥有固定电话数

1.4.1.2 每百人平均拥有移动电话数

1.4.1.3 每百人平均国际互联网络用户数

电话普及率、移动电话普及率、互联网普及率反映了信息时代人们获取信息的便捷程度。在创新型经济社会中，有效的信息获取将带来极大的竞争优势。

1.4.2 城镇居民人均住房建筑面积

住房条件是反映一个地区人民生活水平的一个最重要的因素之一。适合普通居民实际购买力的房价是吸引和保留人才的关键，那些流动性高、拥有高技能的知识型员工通常会选择住房条件好的地区工作。人均住房建筑面积在一定程度上反映了劳动力在此长期居住的意愿。

1.4.3 每百人公共图书馆藏书

公共图书馆的数量反映了一个地区公共文明建设的程度和人民的文化水平，也从一个侧面反映了整个地区居民的受教育程度，同时图书馆也是居民的信息的重要来源。

2.1 知识创新

2.1.1 每十万人专利授权数和发明专利授权数

2.1.1.1 每十万人专利授权数

2.1.1.2 每十万人发明专利授权数

专利反映了原创性的创造发明数量及创新的保护。其数量反映了具有商业意义的发明强度。而发明专利作为三种专利（发明专利、实用新型专利、外观设计专利）中最重要的一种，一个国家、地区、企业所拥有的数量集中体现了这个国家、地区和企业的自主创新能力。

2.1.2 每亿元研究开发投入所取得的专利授权数

专利授权数可以反映一个地区创新过程中的科技发明强度。考虑到过程的效率，不仅仅应考虑人均指标，而且应该考虑一定的研发投入下所产生的科技发明强度，这个指标对过程效率具有十分重要的指示作用。

2.2 技术商业化

2.2.1 技术市场成交额(亿元)

技术授权市场成交情况反映了知识产权(如专利、发明等)流动、转移和利用的过程以及技术成果的市场化程度。成交金额反映了这些知识产权的市场价值。

2.3 技术独立性

2.3.1 规模以上工业企业技术引进经费占本地区规模以上工业企业 R&D 经费比重

衡量一个国家的技术创新对国外技术依赖程度的指标通常称为对外技术依存度，该指标也是《国家中长期科学和技术发展规划纲要(2006—2020 年)》中特别强调的指标之一。一般而言，一个国家的技术依存度较高，表明该国技术创新对技术引进的依赖程度较强；反之，技术依存度较低，则表明该国技术创新中的自主创新成分较大。然而，目前关于该指标的测度仍然没有明确而统一的标准，通常有以下 3 种：①技术引进经费加上研发投入经费做分母，技术引进经费做分子所得出的比重；②技术引进经费与 R&D 经费之比；③引进技术费用、技术许可费用与整个研究开发和引进技术费用的比例。单一的方法难以全面地反映技术依赖程度，例如，引进国外技术装备是目前我国许多企业引进技术的重要甚至是主要形式，而这笔费用经常列入技术改造经费之中。然而，在没有更好的方案的情况下，本书采用“规模以上工业企业技术引进经费占本地区规模以上工业企业 R&D 经费比重”来衡量一个地区的对外技术依存度。一般来说，该指标越低，说明该地区对外技术依存度越低，也越注重自主创新。

2.3.2 规模以上工业企业消化吸收经费与技术引进经费比例

企业消化吸收经费是指对引进项目进行消化吸收所支付的经费，包括人员培训费、测绘费、工资、工装费、工艺开发费、必备的配套设备费、翻版费等。引进技术的消化吸收是指对引进技术的掌握、应用、复制而开展的工作，以及在此基础上的创新。通过消化吸收引进技术，达到掌握引进技术、提高自我创新能力的目的。企业消化吸收经费与技术引进经费比例越高，说明企业在消化吸收能力方面投入越多，更有利于培养企业的自主创新能力，也就更有利于增强企业的技术独立性。

2.4　创新组织与活力

2.4.1　规模以上工业企业 R&D 项目数

这一指标主要反映了各地大中型企业在创新过程中开展 R&D 项目的情况。在企业为主体的创新过程中，新产品开发及其他技术创新项目是主要的创新组织形式。因此，创新过程中 R&D 项目的开展情况能从创新组织的角度表征创新过程的实施情况。

2.4.2　国家级企业技术中心数

国家级企业技术中心由国家发改委、科技部、财政部、海关总署和国家税务总局联合认定，它的建立旨在提高企业技术开发与创新能力、增强企业竞争力，是建立现代企业制度的内在要求。这一认定要求企业的研究开发能力、企业专职研究开发人员水平、仪器设备先进度、目前产品结构和未来发展方向等方面都达到国家相关规定的指标，企业技术中心获得国家级认定后可享受政府财政补贴、进口设备减免税等方面的优惠政策。因此，在企业日益成为自主创新的核心主体的情况下，国家级企业技术中心数量可以反映一个地区创新组织的技术水平和竞争力。

3.1　产业发展

3.1.1　高技术产品出口额占商品出口额比重

高技术产业通常都处于价值链的高端，其带来的高附加值是企业进行技术创新活动的主要推动力量。能源、土地等资源紧缺已经严重阻碍了我国经济的快速增长，利用高技术提高资源的利用率、发展集约型经济，是我国产业结构调整的重要推动力。高新技术产品出口额占商品出口额比重可以反映一个地区出口产品中高附加值产品的比重，反映了该地区高新技术产业的发展水平，是衡量创新型经济运行绩效的重要指标。

3.1.2　规模以上工业企业科技活动新产品产值占规模以上工业企业总产值比重

高技术产业产值中新产品产值所占比重体现了新产品、新工艺以及产品和工艺的显著技术变化，反映了高技术产业技术创新的速度和效果，更深层次地体现科技进步水平。

3.1.3 第三产业产值占GDP比重

在指标设计时希望通过生产型服务业增加值占GDP比重来评估其发展的状况。生产型服务业，是指生产上下游活动的延伸，包括研发、设计等专业服务、信息和中介服务、金融保险服务以及与贸易相关的服务。加快发展生产型服务业，建立社会化、专业化、规模化和规范化的创新服务体系是社会生产力发展到一定程度时的必然选择。然而，当前各城市对于生产型服务业尚未有正式的发布数据。第三产业增加值占GDP比重是衡量一个地区经济社会发展水平的重要指标，发达国家这一比重为70%左右。因此，本书以该指标作为衡量创新型经济产出的产业发展指标之一。

3.2 居民生活

3.2.1 城镇居民失业率

城镇居民失业率指城镇登记失业人员与城镇单位就业人员（除了使用的农村劳动力、聘用的离退休人员、港澳台及外方人员），城镇单位中的不在岗职工，城镇私营业主、个体户主，城镇私营企业和个体就业人员以及城镇登记失业人员之和的比值。在经济运行良好、保持不断增长时，失业率也会维持在较低的水平，失业率反应了某一地区整体的就业情况，低失业率有助于社会的和谐发展，是衡量政府执政水平的重要指标。

3.2.2 城镇居民人均可支配收入

城镇居民人均可支配收入指被调查的城镇居民家庭在支付个人所得税之后，所余下的实际收入。在经济运行良好且保持不断增长的情况下，人均可支配收入也会随之提高。人均可支配收入的高低反映了购买力的高低，进而反映了生活质量的高低。

3.3 经济效益

3.3.1 人均GDP

一个地区的生产总值是该地区所有常住单位在一定时期内生产活动的最终成果。从价值形态看，它是所有常住单位在一定时期内所生产的全部货物和服务价值超过同期投入的全部非固定资产货物和服务价值的差额，即所有常住单位增加值之和。人均 GDP 是反映该地区经济活力的最重要指标之一。

3.4 可持续发展

3.4.1 单位 GDP 工业废水、废气、废物排放量

3.4.1.1 单位 GDP 工业废水排放量（万吨/亿元）

3.4.1.2 单位 GDP 工业二氧化硫排放量（吨/亿元）

3.4.1.3 单位 GDP 工业烟（粉）尘排放量（吨/亿元）

工业废水：指经过企业所有排放口排到企业外的生产废水，包括外排的直接冷却水和矿区超标排放的有毒有害矿井地下水。

工业废气：指报告期内企业在燃料燃烧和生产过程中产生的各种排入大气的含有污染物的气体。

工业废物：指报告期内企业在生产过程中产生的固体状、半固体状和高浓度液体状废弃物，包括危险废物、冶炼废渣、粉煤灰、炉渣、煤矸石、尾矿、放射性废物和其他废物等。

单位 GDP 工业废水、废气、废物排放量即以工业废水、废气、废物排放量分别除以当年当地的 GDP 总量。计算单位 GDP 工业废水、废气、废物排放量是为了间接地衡量当地经济发展所付出的环境代价，数值越高说明经济发展对环境产生的潜在破坏越大，而在发展经济过程中有效控制对环境的破坏、实现经济与环境的和谐是创新型经济的重要特征，对一个地区可持续发展的实现有着重大的影响。

3.4.2 单位 GDP 综合能耗（吨标准煤/万元）

计算该指标的主要目的是衡量当地国民经济发展所付出的能源成本。在当今建设资源节约型社会的形势下，控制能源消耗规模、提高能源利用效率是各个地区在经济建设中的重要任务之一。

附录3　数据处理

1. 无量纲处理

课题组基础指标采用直接获取的数据，无量纲处理采取效用值法，值域为0～100，即所有指标的最劣值为0，最优值为100。

正效指标（指标值越高，则效用越高，如每万人普通高校在校生数量）的计算方法为

$$Y_{ij}=\frac{X_{ij}-X_{i\min}}{X_{i\max}-X_{i\min}}\times 100$$

X_{ij}代表在第i项指标上第j个城市的获取值，Y_{ij}代表在第i项指标上第j个城市的效用值，$X_{i\max}$代表在第i项指标上各城市获取值中的最大值，$X_{i\min}$代表在第i项指标上各城市获取值中的最小值。

负效指标（指标值越高，则效用越低，如单位GDP综合能耗）的计算方法为

$$Y_{ij}=\frac{X_{i\max}-X_{ij}}{X_{i\max}-X_{i\min}}\times 100$$

普通高校和职业高中师生比、电信基础设施普及率，每十万人专利授权数和发明专利授权数、单位GDP工业废水、废气、废物排放量这4个基础指标通过对所包含的子指标的加权计算得到效用值。

二级和一级指标得分通过分层逐级加权计算得到。

2. 权重设定

课题组对所选指标的权重系数分配方法如下：27个指标归集为3个大类（资源类12个，过程类7个，产出类8个），赋予每一个大类1/3的权重，即资源类、过程类、产出类指标权重各为1/3。每一个大类分别代表了创新型经济的重要方面之一，在每一个大类内部又根据其内容和性质分为几个二级指标，各大类内部二级指标的数目根据具体内容设定。在本书的框架体系中，3个大类对创新经济都有非常重要的影响，每一个大类的权重并不会受二级指标数目的多少

的影响。因此，即使二级指标有所调整，整个评价体系也不会受太大影响，从而保证了平级体系的可靠性和稳定性。本书中所使用的指标都是数量型的指标，因此，可以将其放在统一的体系中进行比较。创新型经济和技术发展、社会环境的变化密切相关，任何一项重大的技术创新以及社会环境变化都会影响本书的评估体系，因此，需要用发展的眼光来建立和完善创新型经济的评估指标体系和方法。随着经济的发展，新的生产要素和技术、环境的变化将导致新的工业部门的产生和各工业部门相对重要性的变化，本课题组将严格跟踪和监测这些变化，以保证研究的指标和评估方法能够全面、准确地衡量创新型经济的最新运转状况，并提供相应的对策建议。

3. 数据可得性

数据的可获得性一直是建立评价指标体系面临的挑战。基于过去 10 年每年编写“浙江省创新型经济蓝皮书”的经验，在设计本评价指标体系时，课题组已经参考了主要的统计年鉴及其他相关数据，但在数据搜集过程中仍然发现部分城市的部分指标无法获得。为了保证报告的完整性与可比性，课题组对缺失的数据进行了估计(具体估计方式见下一小节)。附表 2 列出了三级指标的数据来源及可得性，附表 3 列出了各个城市的数据可得性。

附表 2　三级指标的数据来源与可得性　　(单位：%)

指标类型		数据来源	数据可得性
教育资源	每万人普通高校在校生数量	《中国城市统计年鉴 2013》	100
	每万人中等职业学校在校生数量	《中国城市统计年鉴 2013》	100
	普通高校和职业高中师生比	《中国城市统计年鉴 2013》	100
	教育经费支出占 GDP 比重	《中国城市统计年鉴 2013》	100

续表

指标类型		数据来源	数据可得性
技术人力资源	每万人规模以上工业企业 R&D 活动人员数	本书收录的 54 个城市 2012 年及 2013 年的统计年鉴、国民经济和社会发展统计公报以及这 54 个城市的统计局（统计信息网）	77.8
	R&D 折合全时人员	本书收录的 54 个城市 2012 年及 2013 年的统计年鉴、国民经济和社会发展统计公报以及这 54 个城市的统计局（统计信息网）	74.1
科技投资资源	R&D 经费占 GDP 比重	本书收录的 54 个城市 2012 年及 2013 年的统计年鉴、国民经济和社会发展统计公报以及这 54 个城市的统计局（统计信息网）	83.3
	地方财政科技拨款占地方财政支出比重	《中国城市统计年鉴 2013》	100
	规模以上工业企业 R&D 经费支出占规模以上主营业务收入比重	本书收录的 54 个城市 2012 年及 2013 年的统计年鉴、国民经济和社会发展统计公报以及这 54 个城市的统计局（统计信息网）	79.6
基础设施资源	电信基础设施普及率	《中国城市统计年鉴 2013》	100
	城镇居民人均住房建筑面积	本书收录的 54 个城市 2012 年及 2013 年的统计年鉴、国民经济和社会发展统计公报以及这 54 个城市的统计局（统计信息网）	100
	每百人公共图书馆藏书	《中国城市统计年鉴 2013》	100
知识创新	每十万人专利授权数和发明专利授权数	本书收录的 54 个城市 2012 年及 2013 年的统计年鉴、国民经济和社会发展统计公报以及这 54 个城市的统计局（统计信息网）	100
	每亿元研究开发投入所取得的专利授权数	本书收录的 54 个城市 2012 年及 2013 年的统计年鉴、国民经济和社会发展统计公报以及这 54 个城市的统计局（统计信息网）	85.2

续表

指标类型		数据来源	数据可得性
技术商业化	技术市场成交额	《全国技术市场统计年度报告(2013)》,本书收录的54个城市2012年及2013年的统计年鉴、国民经济和社会发展统计公报、以及这54个城市的统计局(统计信息网)	66.7
技术独立性	规模以上工业企业技术引进经费占本地区规模以上工业企业R&D经费比重	本书收录的54个城市2012年及2013年的统计年鉴、国民经济和社会发展统计公报以及这54个城市的统计局(统计信息网)	61.1
	规模以上工业企业消化吸收经费与技术引进经费比例	本书收录的54个城市2012年及2013年的统计年鉴、国民经济和社会发展统计公报以及这54个城市的统计局(统计信息网)	61.1
创新组织与活力	规模以上工业企业R&D项目数	本书收录的54个城市2012年及2013年的统计年鉴、国民经济和社会发展统计公报以及这54个城市的统计局(统计信息网)	74.1
	国家级企业技术中心数	《国家认定企业技术中心2013年评价结果》	100
产业发展	高技术产品出口额占商品出口额比重	本书收录的54个城市2012年及2013年的统计年鉴、国民经济和社会发展统计公报以及这54个城市的统计局(统计信息网)	66.7
	规模以上工业企业科技活动新产品产值占规模以上工业企业总产值比重	本书收录的54个城市2012年及2013年的统计年鉴、国民经济和社会发展统计公报以及这54个城市的统计局(统计信息网)	68.5
	第三产业产值占GDP比重	《中国城市统计年鉴2013》	100
居民生活	城镇居民失业率	本书收录的54个城市2012年及2013年的统计年鉴、国民经济和社会发展统计公报	100
	城镇居民人均可支配收入	本书收录的54个城市2012年及2013年的统计年鉴、国民经济和社会发展统计公报	100

续表

指标类型		数据来源	数据可得性
经济效益	人均 GDP	《中国城市统计年鉴 2013》	100
可持续发展	单位 GDP 工业废水、废气、废物排放量	《中国城市统计年鉴 2013》	99.4
	单位 GDP 综合能耗	本书收录的 54 个城市 2012 年及 2013 年的统计年鉴、国民经济和社会发展统计公报以及各省、市统计局(统计信息网)	83.3

附表 3　原始指标的数据可得性

(单位：%)

城市	数据可得性	城市	数据可得性	城市	数据可得性
包头	75.8	合肥	100	苏州	97
北京	100	呼和浩特	93.9	台州	100
长春	84.8	济南	100	太原	87.9
长沙	93.9	嘉兴	100	唐山	93.9
常州	97	昆明	93.9	天津	100
成都	81.8	兰州	72.7	潍坊	81.8
重庆	100	南昌	90.9	温州	97
大连	78.8	南京	100	乌鲁木齐	81.8
大庆	69.7	南宁	78.8	无锡	93.9
东莞	97	南通	97	武汉	84.8
鄂尔多斯	78.8	宁波	97	西安	72.7
佛山	97	青岛	87.9	西宁	69.7
福州	100	泉州	97	厦门	97
广州	97	上海	100	徐州	90.9
贵阳	75.8	绍兴	97	烟台	84.8

续表

城市	数据可得性	城市	数据可得性	城市	数据可得性
哈尔滨	93.9	深圳	100	银川	75.8
海口	72.7	沈阳	90.9	郑州	93.9
杭州	100	石家庄	97	淄博	87.9

4. 缺失数据的估计

如果某一指标的数据无法从以上来源中获得，我们采用两种方法对缺失值进行估计。

(1)利用两个指标的比例关系。该方法针对的是R&D经费占GDP比重和规模以上工业企业R&D经费支出占规模以上主营业务收入比重这两个指标无法直接获得的情况(由于GDP及规模以上主营业务收入这两个数据较易获得，实际需要估计的是R&D经费和规模以上工业企业R&D经费支出的数据)。我们通过全社会R&D经费对R&D经费和规模以上工业企业的R&D经费进行估计。利用已有的指标数据，计算出两个指标的比例关系，前者为1.09，后者为1.79。然后，将该比例关系(1.09和1.79)或其倒数(0.92和0.56)作为换算系数(CF_1)计算出缺失值。对于缺失数据先采用前者估算，对于前者无法估算出的数据再采用后者估算。前者估算出的缺失值用上标〈1〉表示，后者用上标〈2〉表示。

(2)利用省级数据估算，即利用下列估算公式：

某城市的某一指标数据＝换算系数(CF_2)×对应省份该指标的数据

对于以上公式中的换算系数有3种选择：一是该城市规模以上工业总产值占所对应省份规模以上工业总产值的比重(CF_{31})；二是该城市规模以上工业企业R&D经费占所对应省份规模以上工业企业R&D经费的比重(CF_{32})；三是该城市全社会R&D经费占所对应省份全社会R&D经费的比重(CF_{33})。

在换算系数的选择上，对于方法(1)不能补充的R&D经费相关指标的估算，采用换算系数CF_{31}(上标〈3〉)；与规模以上工业企业R&D经费密切相关的规模以上工业企业R&D人员、规模以上工业企业技术引进经费、规模以上工业企业消化吸收经费、规模以上新产品产值和规模以上工业企业 R&D 项目数，采用换算系数 CF_{32}（上标〈4〉）；与全社会 R&D 经费密切相关的 R&D 折合全时人员、技术市场成交额和高技术产品出口额，采用换算系数 CF_{33}（上标〈5〉）。

此外，以下几个数据采用增长率法或替代法：广州的工业二氧化硫排放量采用 2011 年对 2010 年的增长率乘以 2011 年的数据（上标〈6〉）的方法；单位 GDP 综合能耗用省级数据替代（上标〈7〉），因为如果使用换算系数法估算，数值偏小，不符合实际情况；由于统计口径的不同，徐州高技术产品出口额采用的是 2013 年徐州高新技术产品出口额的数据[①]（上标〈8〉），因为采用换算系数法估算出的数据大于徐州总出口额，不符合实际情况。

---

① 徐州于 2013 年首次公布高新技术产品出口额数据。

附录 4 基础指标[①]

包头	得分/数值	排名
城市创新指数	**24.68**	**46**
1. 创新资源	**14.49**	**52**
2. 创新过程	**14.82**	**45**
3. 创新产出	**44.74**	**35**
1.1 教育资源	23.91	48
1.1.1 每万人普通高校在校生数量	307.12	
1.1.2 每万人中等职业学校在校生数量	124.11	
1.1.3.1 普通高校师生比	0.07	
1.1.3.2 职业高中师生比	0.05	
1.1.4 教育经费支出占 GDP 比重	1.18	
1.2 技术人力资源	3.07	46
1.2.1 每万人规模以上工业企业 R&D 活动人员数	28.33(4)	
1.2.2 R&D 折合全时人员(万人年)	0.67	
1.3 科技投资资源	16.48	49
1.3.1 R&D 经费占 GDP 比重	1.06	
1.3.2 地方财政科技拨款占地方财政支出比重	1.55	
1.3.3 规模以上工业企业 R&D 经费支出占规模以上主营业务收入比重	0.67(3)	
1.4 基础设施资源	14.49	31
1.4.1.1 每百人平均拥有固定电话数	20.31	
1.4.1.2 每百人平均拥有移动电话数	160.31	
1.4.1.3 每百人平均国际互联网络用户数	10.29	
1.4.2 城镇居民人均住房建筑面积	33.10	

① 列出的是一、二级指标及其排名,以及相应的基础指标,限于版面,部分三级指标只列出了基础数据。

1.4.3 每百人公共图书馆藏书	135.87	
2.1 知识创新	2.48	53
2.1.1.1 每十万人专利授权数	36.50	
2.1.1.2 每十万人发明专利授权数	0.90	
2.1.2 每亿元研究开发投入所取得的专利授权数	22.54	
2.2 技术商业化	0.09	49
2.2.1 技术市场成交额(亿元)	2.50	
2.3 技术独立性	50.49	14
2.3.1 规模以上工业企业技术引进经费占本地区规模以上工业企业 R&D 经费比重	2.29(4)	
2.3.2 规模以上工业企业消化吸收经费与技术引进经费比例	78.06(4)	
2.4 创新组织与活力	6.20	47
2.4.1 规模以上工业企业 R&D 项目数	437(4)	
2.4.2 国家级企业技术中心数	4	
3.1 产业发展	17.79	53
3.1.1 高技术产品出口额占商品出口额比重	2.22(4)	
3.1.2 规模以上工业企业科技活动新产品产值占规模以上工业企业总产值比重	3.44(4)	
3.1.3 第三产业产值占 GDP 比重	42.07	
3.2 居民生活	40.86	34
3.2.1 城镇居民失业率	3.87	
3.2.2 城镇居民人均可支配收入	33485	
3.3 经济效益	61.39	3
3.3.1 人均 GDP	125709	
3.4 可持续发展	58.92	49
3.4.1.1 单位 GDP 工业废水排放量(万吨/亿元)	2.17	
3.4.1.2 单位 GDP 工业二氧化硫排放量(吨/亿元)	61.53	
3.4.1.3 单位 GDP 工业烟(粉)尘排放量(吨/亿元)	23.15	
3.4.2 单位 GDP 综合能耗(吨标准煤/万元)	1.47	

北京

	得分/数值	排名
城市创新指数	**59.13**	**2**
1. 创新资源	**51.80**	**2**
2. 创新过程	**57.87**	**1**
3. 创新产出	**67.73**	**2**
1.1 教育资源	47.91	6
1.1.1 每万人普通高校在校生数量	448.45	
1.1.2 每万人中等职业学校在校生数量	179.74	
1.1.3.1 普通高校师生比	0.10	
1.1.3.2 职业高中师生比	0.04	
1.1.4 教育经费支出占 GDP 比重	3.52	
1.2 技术人力资源	54.24	2
1.2.1 每万人规模以上工业企业 R&D 活动人员数	58.22	
1.2.2 R&D 折合全时人员(万人年)	23.55	
1.3 科技投资资源	79.54	1
1.3.1 R&D 经费占 GDP 比重	6.48	
1.3.2 地方财政科技拨款占地方财政支出比重	5.58	
1.3.3 规模以上工业企业 R&D 经费支出占规模以上主营业务收入比重	1.17	
1.4 基础设施资源	25.52	9
1.4.1.1 每百人平均拥有固定电话数	68.06	
1.4.1.2 每百人平均拥有移动电话数	244.17	
1.4.1.3 每百人平均国际互联网络用户数	44.09	
1.4.2 城镇居民人均住房建筑面积	29.26	
1.4.3 每百人公共图书馆藏书	428.22	
2.1 知识创新	18.68	17
2.1.1.1 每十万人专利授权数	389.31	
2.1.1.2 每十万人发明专利授权数	155.23	
2.1.2 每亿元研究开发投入所取得的专利授权数	43.62	
2.2 技术商业化	100.00	1

2.2.1 技术市场成交额(亿元)	2458.50	
2.3 技术独立性	30.86	47
2.3.1 规模以上工业企业技术引进经费占本地区规模以上工业企业 R&D 经费比重	12.45	
2.3.2 规模以上工业企业消化吸收经费与技术引进经费比例	17.85	
2.4 创新组织与活力	81.95	3
2.4.1 规模以上工业企业 R&D 项目数	8226	
2.4.2 国家级企业技术中心数	42	
3.1 产业发展	51.20	10
3.1.1 高技术产品出口额占商品出口额比重	31.89	
3.1.2 规模以上工业企业科技活动新产品产值占规模以上工业企业总产值比重	21.55	
3.1.3 第三产业产值占 GDP 比重	41.33	
3.2 居民生活	86.15	1
3.2.1 城镇居民失业率	1.27	
3.2.2 城镇居民人均可支配收入	36469	
3.3 经济效益	35.47	14
3.3.1 人均 GDP	87475	
3.4 可持续发展	98.09	1
3.4.1.1 单位 GDP 工业废水排放量(万吨/亿元)	0.51	
3.4.1.2 单位 GDP 工业二氧化硫排放量(吨/亿元)	3.32	
3.4.1.3 单位 GDP 工业烟(粉)尘排放量(吨/亿元)	1.73	
3.4.2 单位 GDP 综合能耗(吨标准煤/万元)	0.44	

长春

	得分/数值	排名
城市创新指数	**24.84**	**44**
1. 创新资源	**16.33**	**47**
2. 创新过程	**14.73**	**46**
3. 创新产出	**43.47**	**36**

1.1 教育资源	37.92	21
1.1.1 每万人普通高校在校生数量	512.17	
1.1.2 每万人中等职业学校在校生数量	105.24	
1.1.3.1 普通高校师生比	0.06	
1.1.3.2 职业高中师生比	0.07	
1.1.4 教育经费支出占 GDP 比重	2.31	
1.2 技术人力资源	8.32	29
1.2.1 每万人规模以上工业企业 R&D 活动人员数	17.27(4)	
1.2.2 R&D 折合全时人员(万人年)	3.56	
1.3 科技投资资源	7.71	52
1.3.1 R&D 经费占 GDP 比重	1.25(2)	
1.3.2 地方财政科技拨款占地方财政支出比重	0.99	
1.3.3 规模以上工业企业 R&D 经费支出占规模以上主营业务收入比重	0.29(3)	
1.4 基础设施资源	11.36	40
1.4.1.1 每百人平均拥有固定电话数	24.10	
1.4.1.2 每百人平均拥有移动电话数	103.09	
1.4.1.3 每百人平均国际互联网络用户数	15.46	
1.4.2 城镇居民人均住房建筑面积	30.00	
1.4.3 每百人公共图书馆藏书	121.96	
2.1 知识创新	8.96	38
2.1.1.1 每十万人专利授权数	51.21	
2.1.1.2 每十万人发明专利授权数	16.13	
2.1.2 每亿元研究开发投入所取得的专利授权数	69.84(2)	
2.2 技术商业化	0.95	28
2.2.1 技术市场成交额(亿元)	23.62	
2.3 技术独立性	40.67	41
2.3.1 规模以上工业企业技术引进经费占本地区规模以上工业企业 R&D 经费比重	6.78	
2.3.2 规模以上工业企业消化吸收经费与技术引进经费比例	27.53	
2.4 创新组织与活力	8.32	44
2.4.1 规模以上工业企业 R&D 项目数	978	

2.4.2 国家级企业技术中心数	4	
3.1 产业发展	44.73	20
3.1.1 高技术产品出口额占商品出口额比重	14.00	
3.1.2 规模以上工业企业科技活动新产品产值占规模以上工业企业总产值比重	22.52	
3.1.3 第三产业产值占 GDP 比重	41.46	
3.2 居民生活	21.15	49
3.2.1 城镇居民失业率	3.80	
3.2.2 城镇居民人均可支配收入	22970	
3.3 经济效益	15.97	34
3.3.1 人均 GDP	58691	
3.4 可持续发展	92.05	7
3.4.1.1 单位 GDP 工业废水排放量(万吨/亿元)	1.19	
3.4.1.2 单位 GDP 工业二氧化硫排放量(吨/亿元)	15.49	
3.4.1.3 单位 GDP 工业烟(粉)尘排放量(吨/亿元)	9.16	
3.4.2 单位 GDP 综合能耗(吨标准煤/万元)	0.48	

长沙

	得分/数值	排名
城市创新指数	**36.88**	**13**
1. 创新资源	**32.07**	**13**
2. 创新过程	**21.89**	**28**
3. 创新产出	**56.70**	**12**
1.1 教育资源	36.70	22
1.1.1 每万人普通高校在校生数量	791.94	
1.1.2 每万人中等职业学校在校生数量	210.34	
1.1.3.1 普通高校师生比	0.06	
1.1.3.2 职业高中师生比	0.03	
1.1.4 教育经费支出占 GDP 比重	1.82	
1.2 技术人力资源	15.51	15
1.2.1 每万人规模以上工业企业 R&D 活动人员数	56.19	

1.2.2 R&D 折合全时人员(万人年)	5.43	
1.3 科技投资资源	57.74	8
1.3.1 R&D 经费占 GDP 比重	4.50	
1.3.2 地方财政科技拨款占地方财政支出比重	3.12	
1.3.3 规模以上工业企业 R&D 经费支出占规模以上主营业务收入比重	1.40	
1.4 基础设施资源	18.31	21
1.4.1.1 每百人平均拥有固定电话数	32.04	
1.4.1.2 每百人平均拥有移动电话数	149.02	
1.4.1.3 每百人平均国际互联网络用户数	20.28	
1.4.2 城镇居民人均住房建筑面积	35.00	
1.4.3 每百人公共图书馆藏书	151.01	
2.1 知识创新	7.61	42
2.1.1.1 每十万人专利授权数	157.16	
2.1.1.2 每十万人发明专利授权数	33	
2.1.2 每亿元研究开发投入所取得的专利授权数	36.09	
2.2 技术商业化	0.79	32
2.2.1 技术市场成交额(亿元)	19.85	
2.3 技术独立性	59.57	3
2.3.1 规模以上工业企业技术引进经费占本地区规模以上工业企业 R&D 经费比重	0.95[(4)]	
2.3.2 规模以上工业企业消化吸收经费与技术引进经费比例	221.71[(4)]	
2.4 创新组织与活力	19.58	27
2.4.1 规模以上工业企业 R&D 项目数	1724	
2.4.2 国家级企业技术中心数	11	
3.1 产业发展	45.45	18
3.1.1 高技术产品出口额占商品出口额比重	17.68	
3.1.2 规模以上工业企业科技活动新产品产值占规模以上工业企业总产值比重	22.65	
3.1.3 第三产业产值占 GDP 比重	39.61	
3.2 居民生活	49.54	25
3.2.1 城镇居民失业率	2.88	

3.2.2 城镇居民人均可支配收入	30288	
3.3 经济效益	37.12	11
3.3.1 人均 GDP	89903	
3.4 可持续发展	94.66	3
3.4.1.1 单位 GDP 工业废水排放量(万吨/亿元)	0.59	
3.4.1.2 单位 GDP 工业二氧化硫排放量(吨/亿元)	3.31	
3.4.1.3 单位 GDP 工业烟(粉)尘排放量(吨/亿元)	1.87	
3.4.2 单位 GDP 综合能耗(吨标准煤/万元)	0.60	

常州

	得分/数值	排名
城市创新指数	**36.65**	**14**
1. 创新资源	**31.04**	**15**
2. 创新过程	**24.51**	**16**
3. 创新产出	**50.40**	**15**
1.1 教育资源	25.41	46
1.1.1 每万人普通高校在校生数量	241.87	
1.1.2 每万人中等职业学校在校生数量	171.55	
1.1.3.1 普通高校师生比	0.05	
1.1.3.2 职业高中师生比	0.05	
1.1.4 教育经费支出占 GDP 比重	1.67	
1.2 技术人力资源	20.51	13
1.2.1 每万人规模以上工业企业 R&D 活动人员数	146.12	
1.2.2 R&D 折合全时人员(万人年)	4.29	
1.3 科技投资资源	57.19	9
1.3.1 R&D 经费占 GDP 比重	2.82	
1.3.2 地方财政科技拨款占地方财政支出比重	5.23	
1.3.3 规模以上工业企业 R&D 经费支出占规模以上主营业务收入比重	1.18	
1.4 基础设施资源	21.03	16
1.4.1.1 每百人平均拥有固定电话数	44.30	

1.4.1.2 每百人平均拥有移动电话数	142.37	
1.4.1.3 每百人平均国际互联网络用户数	27.69	
1.4.2 城镇居民人均住房建筑面积	37.50	
1.4.3 每百人公共图书馆藏书	102.94	
2.1 知识创新	25.21	14
2.1.1.1 每十万人专利授权数	421.57	
2.1.1.2 每十万人发明专利授权数	33.00	
2.1.2 每亿元研究开发投入所取得的专利授权数	155.27	
2.2 技术商业化	1.39	23
2.2.1 技术市场成交额(亿元)	34.47(5)	
2.3 技术独立性	46.85	27
2.3.1 规模以上工业企业技术引进经费占本地区规模以上工业企业 R&D 经费比重	3.35	
2.3.2 规模以上工业企业消化吸收经费与技术引进经费比例	38.61	
2.4 创新组织与活力	24.61	21
2.4.1 规模以上工业企业 R&D 项目数	4831	
2.4.2 国家级企业技术中心数	5	
3.1 产业发展	35.39	33
3.1.1 高技术产品出口额占商品出口额比重	19.89	
3.1.2 规模以上工业企业科技活动新产品产值占规模以上工业企业总产值比重	11.19	
3.1.3 第三产业产值占 GDP 比重	43.90	
3.2 居民生活	63.27	12
3.2.1 城镇居民失业率	2.37	
3.2.2 城镇居民人均可支配收入	33326	
3.3 经济效益	33.82	17
3.3.1 人均 GDP	85039	
3.4 可持续发展	85.13	23
3.4.1.1 单位 GDP 工业废水排放量(万吨/亿元)	3.69	
3.4.1.2 单位 GDP 工业二氧化硫排放量(吨/亿元)	9.06	
3.4.1.3 单位 GDP 工业烟(粉)尘排放量(吨/亿元)	9.03	

3.4.2 单位 GDP 综合能耗（吨标准煤/万元）	0.66	

成都

	得分/数值	排名
城市创新指数	**31.49**	**26**
1. 创新资源	**20.73**	**36**
2. 创新过程	**24.19**	**17**
3. 创新产出	**49.55**	**27**
1.1 教育资源	35.01	29
1.1.1 每万人普通高校在校生数量	548.37	
1.1.2 每万人中等职业学校在校生数量	203.31	
1.1.3.1 普通高校师生比	0.06	
1.1.3.2 职业高中师生比	0.04	
1.1.4 教育经费支出占 GDP 比重	1.99	
1.2 技术人力资源	10.37	24
1.2.1 每万人规模以上工业企业 R&D 活动人员数	16.90(4)	
1.2.2 R&D 折合全时人员（万人年）	4.54	
1.3 科技投资资源	18.07	44
1.3.1 R&D 经费占 GDP 比重	2.23	
1.3.2 地方财政科技拨款占地方财政支出比重	1.53	
1.3.3 规模以上工业企业 R&D 经费支出占规模以上主营业务收入比重	0.39(3)	
1.4 基础设施资源	19.49	19
1.4.1.1 每百人平均拥有固定电话数	31.98	
1.4.1.2 每百人平均拥有移动电话数	182.06	
1.4.1.3 每百人平均国际互联网络用户数	16.11	
1.4.2 城镇居民人均住房建筑面积	36.58	
1.4.3 每百人公共图书馆藏书	139.97	
2.1 知识创新	25.22	13
2.1.1.1 每十万人专利授权数	277.28	
2.1.1.2 每十万人发明专利授权数	23.20	
2.1.2 每亿元研究开发投入所取得的专利授权数	178.88	

2.2 技术商业化	3.91	12
2.2.1 技术市场成交额(亿元)	96.35	
2.3 技术独立性	28.36	49
2.3.1 规模以上工业企业技术引进经费占本地区规模以上工业企业R&D经费比重	13.81[(4)]	
2.3.2 规模以上工业企业消化吸收经费与技术引进经费比例	12.54[(4)]	
2.4 创新组织与活力	39.27	10
2.4.1 规模以上工业企业R&D项目数	2496	
2.4.2 国家级企业技术中心数	25	
3.1 产业发展	48.89	16
3.1.1 高技术产品出口额占商品出口额比重	54.34	
3.1.2 规模以上工业企业科技活动新产品产值占规模以上工业企业总产值比重	7.49[(4)]	
3.1.3 第三产业产值占GDP比重	49.46	
3.2 居民生活	41.94	33
3.2.1 城镇居民失业率	2.90	
3.2.2 城镇居民人均可支配收入	26590	
3.3 经济效益	15.24	36
3.3.1 人均GDP	57624	
3.4 可持续发展	92.15	6
3.4.1.1 单位GDP工业废水排放量(万吨/亿元)	1.45	
3.4.1.2 单位GDP工业二氧化硫排放量(吨/亿元)	6.97	
3.4.1.3 单位GDP工业烟(粉)尘排放量(吨/亿元)	3.04	
3.4.2 单位GDP综合能耗(吨标准煤/万元)	0.60	

重庆

	得分/数值	排名
城市创新指数	**25.99**	**40**
1. 创新资源	**18.79**	**43**
2. 创新过程	**20.07**	**33**

3. 创新产出	**39.10**	**41**
1.1 教育资源	35.49	28
1.1.1 每万人普通高校在校生数量	200.44	
1.1.2 每万人中等职业学校在校生数量	147.16	
1.1.3.1 普通高校师生比	0.05	
1.1.3.2 职业高中师生比	0.04	
1.1.4 教育经费支出占 GDP 比重	4.13	
1.2 技术人力资源	10.27	25
1.2.1 每万人规模以上工业企业 R&D 活动人员数	13.73	
1.2.2 R&D 折合全时人员(万人年)	4.61	
1.3 科技投资资源	20.14	39
1.3.1 R&D 经费占 GDP 比重	1.54	
1.3.2 地方财政科技拨款占地方财政支出比重	1.01	
1.3.3 规模以上工业企业 R&D 经费支出占规模以上主营业务收入比重	0.91	
1.4 基础设施资源	9.27	47
1.4.1.1 每百人平均拥有固定电话数	17.22	
1.4.1.2 每百人平均拥有移动电话数	61.90	
1.4.1.3 每百人平均国际互联网络用户数	11.60	
1.4.2 城镇居民人均住房建筑面积	32.17	
1.4.3 每百人公共图书馆藏书	4.55	
2.1 知识创新	13.93	26
2.1.1.1 每十万人专利授权数	60.91	
2.1.1.2 每十万人发明专利授权数	7.26	
2.1.2 每亿元研究开发投入所取得的专利授权数	116.17	
2.2 技术商业化	2.18	16
2.2.1 技术市场成交额(亿元)	54.02	
2.3 技术独立性	25.36	52
2.3.1 规模以上工业企业技术引进经费占本地区规模以上工业企业 R&D 经费比重	15.75	
2.3.2 规模以上工业企业消化吸收经费与技术引进经费比例	16.42	

2.4 创新组织与活力	38.81	11
2.4.1 规模以上工业企业 R&D 项目数	5113	
2.4.2 国家级企业技术中心数	16	
3.1 产业发展	50.51	12
3.1.1 高技术产品出口额占商品出口额比重	38.71	
3.1.2 规模以上工业企业科技活动新产品产值占规模以上工业企业总产值比重	19.35	
3.1.3 第三产业产值占 GDP 比重	39.39	
3.2 居民生活	28.72	43
3.2.1 城镇居民失业率	3.30	
3.2.2 城镇居民人均可支配收入	22968	
3.3 经济效益	2.56	50
3.3.1 人均 GDP	38914	
3.4 可持续发展	74.63	39
3.4.1.1 单位 GDP 工业废水排放量(万吨/亿元)	2.68	
3.4.1.2 单位 GDP 工业二氧化硫排放量(吨/亿元)	44.68	
3.4.1.3 单位 GDP 工业烟(粉)尘排放量(吨/亿元)	14.56	
3.4.2 单位 GDP 综合能耗(吨标准煤/万元)	0.89	

大连

	得分/数值	排名
城市创新指数	**32.51**	**23**
1. 创新资源	**24.15**	**25**
2. 创新过程	**23.90**	**19**
3. 创新产出	**49.49**	**28**
1.1 教育资源	34.00	31
1.1.1 每万人普通高校在校生数量	446.94	
1.1.2 每万人中等职业学校在校生数量	120.40	
1.1.3.1 普通高校师生比	0.07	
1.1.3.2 职业高中师生比	0.06	
1.1.4 教育经费支出占 GDP 比重	1.96	

1.2 技术人力资源	5.21	38
1.2.1 每万人规模以上工业企业 R&D 活动人员数	34.38[4]	
1.2.2 R&D 折合全时人员(万人年)	1.44[5]	
1.3 科技投资资源	43.43	19
1.3.1 R&D 经费占 GDP 比重	1.60[1]	
1.3.2 地方财政科技拨款占地方财政支出比重	5.45	
1.3.3 规模以上工业企业 R&D 经费支出占规模以上主营业务收入比重	0.70	
1.4 基础设施资源	13.96	35
1.4.1.1 每百人平均拥有固定电话数	43.46	
1.4.1.2 每百人平均拥有移动电话数	142.43	
1.4.1.3 每百人平均国际互联网络用户数	24.07	
1.4.2 城镇居民人均住房建筑面积	27.50	
1.4.3 每百人公共图书馆藏书	218.85	
2.1 知识创新	9.53	36
2.1.1.1 每十万人专利授权数	118.31	
2.1.1.2 每十万人发明专利授权数	23.85	
2.1.2 每亿元研究开发投入所取得的专利授权数	62.28[1]	
2.2 技术商业化	5.31	9
2.2.1 技术市场成交额(亿元)	131.00	
2.3 技术独立性	53.12	8
2.3.1 规模以上工业企业技术引进经费占本地区规模以上工业企业 R&D 经费比重	1.87[4]	
2.3.2 规模以上工业企业消化吸收经费与技术引进经费比例	118.46[4]	
2.4 创新组织与活力	27.64	20
2.4.1 规模以上工业企业 R&D 项目数	2870	
2.4.2 国家级企业技术中心数	14	
3.1 产业发展	26.34	46
3.1.1 高技术产品出口额占商品出口额比重	9.50	
3.1.2 规模以上工业企业科技活动新产品产值占规模以上工业企业总产值比重	8.30	
3.1.3 第三产业产值占 GDP 比重	41.65	

3.2 居民生活	48.05	28
3.2.1 城镇居民失业率	2.62	
3.2.2 城镇居民人均可支配收入	27539	
3.3 经济效益	45.47	8
3.3.1 人均 GDP	102216	
3.4 可持续发展	78.08	36
3.4.1.1 单位 GDP 工业废水排放量(万吨/亿元)	4.40	
3.4.1.2 单位 GDP 工业二氧化硫排放量(吨/亿元)	16.36	
3.4.1.3 单位 GDP 工业烟(粉)尘排放量(吨/亿元)	7.45	
3.4.2 单位 GDP 综合能耗(吨标准煤/万元)	0.90	

大庆

	得分/数值	排名
城市创新指数	**25.55**	**42**
1. 创新资源	**14.24**	**53**
2. 创新过程	**14.08**	**48**
3. 创新产出	**48.34**	**30**
1.1 教育资源	18.37	54
1.1.1 每万人普通高校在校生数量	231.82	
1.1.2 每万人中等职业学校在校生数量	31.14	
1.1.3.1 普通高校师生比	0.05	
1.1.3.2 职业高中师生比	0.07	
1.1.4 教育经费支出占 GDP 比重	0.92	
1.2 技术人力资源	8.73	28
1.2.1 每万人规模以上工业企业 R&D 活动人员数	59.90(4)	
1.2.2 R&D 折合全时人员(万人年)	2.10	
1.3 科技投资资源	20.62	38
1.3.1 R&D 经费占 GDP 比重	1.92(2)	
1.3.2 地方财政科技拨款占地方财政支出比重	1.12	
1.3.3 规模以上工业企业 R&D 经费支出占规模以上主营业务收入比重	0.74(3)	

1.4 基础设施资源	9.25	48
1.4.1.1 每百人平均拥有固定电话数	21.30	
1.4.1.2 每百人平均拥有移动电话数	124.41	
1.4.1.3 每百人平均国际互联网络用户数	15.27	
1.4.2 城镇居民人均住房建筑面积	28.14	
1.4.3 每百人公共图书馆藏书	102.65	
2.1 知识创新	4.45	50
2.1.1.1 每十万人专利授权数	89.50	
2.1.1.2 每十万人发明专利授权数	1.10	
2.1.2 每亿元研究开发投入所取得的专利授权数	32.73(2)	
2.2 技术商业化	1.93	18
2.2.1 技术市场成交额(亿元)	47.88(5)	
2.3 技术独立性	44.41	33
2.3.1 规模以上工业企业技术引进经费占本地区规模以上工业企业 R&D 经费比重	4.66(4)	
2.3.2 规模以上工业企业消化吸收经费与技术引进经费比例	32.69(4)	
2.4 创新组织与活力	5.51	49
2.4.1 规模以上工业企业 R&D 项目数	1475(4)	
2.4.2 国家级企业技术中心数	0	
3.1 产业发展	21.03	49
3.1.1 高技术产品出口额占商品出口额比重	32.91	
3.1.2 规模以上工业企业科技活动新产品产值占规模以上工业企业总产值比重	7.46(4)	
3.1.3 第三产业产值占 GDP 比重	15.27	
3.2 居民生活	21.51	48
3.2.1 城镇居民失业率	4.07	
3.2.2 城镇居民人均可支配收入	25223	
3.3 经济效益	72.47	2
3.3.1 人均 GDP	142067	
3.4 可持续发展	78.34	35
3.4.1.1 单位 GDP 工业废水排放量(万吨/亿元)	1.64	

3.4.1.2 单位 GDP 工业二氧化硫排放量(吨/亿元)	13.76	
3.4.1.3 单位 GDP 工业烟(粉)尘排放量(吨/亿元)	7.86	
3.4.2 单位 GDP 综合能耗(吨标准煤/万元)	1.16	

东莞

	得分/数值	排名
城市创新指数	**41.66**	**10**
1. 创新资源	**44.57**	**3**
2. 创新过程	**23.73**	**20**
3. 创新产出	**56.66**	**13**
1.1 教育资源	30.82	34
1.1.1 每万人普通高校在校生数量	280.11	
1.1.2 每万人中等职业学校在校生数量	267.87	
1.1.3.1 普通高校师生比	0.05	
1.1.3.2 职业高中师生比	0.05	
1.1.4 教育经费支出占 GDP 比重	1.85	
1.2 技术人力资源	28.10	5
1.2.1 每万人规模以上工业企业 R&D 活动人员数	229.52	
1.2.2 R&D 折合全时人员(万人年)	4.62	
1.3 科技投资资源	41.24	23
1.3.1 R&D 经费占 GDP 比重	1.66	
1.3.2 地方财政科技拨款占地方财政支出比重	4.81	
1.3.3 规模以上工业企业 R&D 经费支出占规模以上主营业务收入比重	0.78	
1.4 基础设施资源	78.12	1
1.4.1.1 每百人平均拥有固定电话数	173.86	
1.4.1.2 每百人平均拥有移动电话数	938.02	
1.4.1.3 每百人平均国际互联网络用户数	109.48	
1.4.2 城镇居民人均住房建筑面积	58.44	
1.4.3 每百人公共图书馆藏书	545.29	
2.1 知识创新	44.45	7
2.1.1.1 每十万人专利授权数	1117.65	

2.1.1.2 每十万人发明专利授权数	73.85	
2.1.2 每亿元研究开发投入所取得的专利授权数	212.83	
2.2 技术商业化	0.97	27
2.2.1 技术市场成交额(亿元)	24.20[(5)]	
2.3 技术独立性	36.51	43
2.3.1 规模以上工业企业技术引进经费占本地区规模以上工业企业 R&D 经费比重	8.70	
2.3.2 规模以上工业企业消化吸收经费与技术引进经费比例	6.76	
2.4 创新组织与活力	13.00	37
2.4.1 规模以上工业企业 R&D 项目数	3083	
2.4.2 国家级企业技术中心数	1	
3.1 产业发展	43.15	23
3.1.1 高技术产品出口额占商品出口额比重	34.97	
3.1.2 规模以上工业企业科技活动新产品产值占规模以上工业企业总产值比重	8.42	
3.1.3 第三产业产值占 GDP 比重	52.21	
3.2 居民生活	83.33	2
3.2.1 城镇居民失业率	2.30	
3.2.2 城镇居民人均可支配收入	42944	
3.3 经济效益	16.04	32
3.3.1 人均 GDP	58804	
3.4 可持续发展	84.12	26
3.4.1.1 单位 GDP 工业废水排放量(万吨/亿元)	5.37	
3.4.1.2 单位 GDP 工业二氧化硫排放量(吨/亿元)	11.07	
3.4.1.3 单位 GDP 工业烟(粉)尘排放量(吨/亿元)	3.01	
3.4.2 单位 GDP 综合能耗(吨标准煤/万元)	0.60	

鄂尔多斯

	得分/数值	排名
城市创新指数	**30.76**	**30**
1. 创新资源	**16.79**	**46**
2. 创新过程	**13.76**	**49**
3. 创新产出	**61.73**	**6**
1.1 教育资源	23.32	49
1.1.1 每万人普通高校在校生数量	25.30	
1.1.2 每万人中等职业学校在校生数量	58.00	
1.1.3.1 普通高校师生比	0.07	
1.1.3.2 职业高中师生比	0.08	
1.1.4 教育经费支出占 GDP 比重	1.62	
1.2 技术人力资源	4.18	39
1.2.1 每万人规模以上工业企业 R&D 活动人员数	31.80	
1.2.2 R&D 折合全时人员(万人年)	1.08	
1.3 科技投资资源	22.56	36
1.3.1 R&D 经费占 GDP 比重	1.60(2)	
1.3.2 地方财政科技拨款占地方财政支出比重	1.77	
1.3.3 规模以上工业企业 R&D 经费支出占规模以上主营业务收入比重	0.77	
1.4 基础设施资源	17.10	24
1.4.1.1 每百人平均拥有固定电话数	15.87	
1.4.1.2 每百人平均拥有移动电话数	198.05	
1.4.1.3 每百人平均国际互联网络用户数	8.55	
1.4.2 城镇居民人均住房建筑面积	38.00	
1.4.3 每百人公共图书馆藏书	51.22	
2.1 知识创新	0.04	54
2.1.1.1 每十万人专利授权数	14.40	
2.1.1.2 每十万人发明专利授权数	1.64	
2.1.2 每亿元研究开发投入所取得的专利授权数	3.74(2)	
2.2 技术商业化	0.26	45

2.2.1 技术市场成交额(亿元)	6.86	
2.3 技术独立性	50.49	13
2.3.1 规模以上工业企业技术引进经费占本地区规模以上工业企业 R&D 经费比重	2.29[4]	
2.3.2 规模以上工业企业消化吸收经费与技术引进经费比例	78.06[4]	
2.4 创新组织与活力	4.25	52
2.4.1 规模以上工业企业 R&D 项目数	241	
2.4.2 国家级企业技术中心数	3	
3.1 产业发展	25.73	47
3.1.1 高技术产品出口额占商品出口额比重	18.17[4]	
3.1.2 规模以上工业企业科技活动新产品产值占规模以上工业企业总产值比重	6.75[4]	
3.1.3 第三产业产值占 GDP 比重	37.01	
3.2 居民生活	60.18	14
3.2.1 城镇居民失业率	2.55	
3.2.2 城镇居民人均可支配收入	33140	
3.3 经济效益	100.00	1
3.3.1 人均 GDP	182680	
3.4 可持续发展	61.00	48
3.4.1.1 单位 GDP 工业废水排放量(万吨/亿元)	0.49	
3.4.1.2 单位 GDP 工业二氧化硫排放量(吨/亿元)	61.71	
3.4.1.3 单位 GDP 工业烟(粉)尘排放量(吨/亿元)	71.36	
3.4.2 单位 GDP 综合能耗(吨标准煤/万元)	0.95	

佛山

	得分/数值	排名
城市创新指数	**36.08**	**16**
1. 创新资源	**29.19**	**16**
2. 创新过程	**21.65**	**29**
3. 创新产出	**57.38**	**11**

1.1 教育资源	22.07	50
1.1.1 每万人普通高校在校生数量	121.20	
1.1.2 每万人中等职业学校在校生数量	286.87	
1.1.3.1 普通高校师生比	0.04	
1.1.3.2 职业高中师生比	0.04	
1.1.4 教育经费支出占 GDP 比重	1.46	
1.2 技术人力资源	21.02	12
1.2.1 每万人规模以上工业企业 R&D 活动人员数	131.41	
1.2.2 R&D 折合全时人员(万人年)	5.10	
1.3 科技投资资源	43.75	18
1.3.1 R&D 经费占 GDP 比重	2.26	
1.3.2 地方财政科技拨款占地方财政支出比重	3.88	
1.3.3 规模以上工业企业 R&D 经费支出占规模以上主营业务收入比重	1.05	
1.4 基础设施资源	29.93	6
1.4.1.1 每百人平均拥有固定电话数	69.18	
1.4.1.2 每百人平均拥有移动电话数	359.07	
1.4.1.3 每百人平均国际互联网络用户数	57.98	
1.4.2 城镇居民人均住房建筑面积	38.80	
1.4.3 每百人公共图书馆藏书	104.29	
2.1 知识创新	3.08	52
2.1.1.1 每十万人专利授权数	47.37	
2.1.1.2 每十万人发明专利授权数	30.74	
2.1.2 每亿元研究开发投入所取得的专利授权数	11.97	
2.2 技术商业化	1.76	19
2.2.1 技术市场成交额(亿元)	43.56[5]	
2.3 技术独立性	45.73	30
2.3.1 规模以上工业企业技术引进经费占本地区规模以上工业企业 R&D 经费比重	3.92	
2.3.2 规模以上工业企业消化吸收经费与技术引进经费比例	34.90	
2.4 创新组织与活力	36.03	14
2.4.1 规模以上工业企业 R&D 项目数	6228	

2.4.2 国家级企业技术中心数	10	
3.1 产业发展	38.04	30
3.1.1 高技术产品出口额占商品出口额比重	31.32	
3.1.2 规模以上工业企业科技活动新产品产值占规模以上工业企业总产值比重	13.03	
3.1.3 第三产业产值占 GDP 比重	35.83	
3.2 居民生活	65.29	11
3.2.1 城镇居民失业率	2.40	
3.2.2 城镇居民人均可支配收入	34580	
3.3 经济效益	38.04	10
3.3.1 人均 GDP	91259	
3.4 可持续发展	88.16	16
3.4.1.1 单位 GDP 工业废水排放量(万吨/亿元)	3.08	
3.4.1.2 单位 GDP 工业二氧化硫排放量(吨/亿元)	12.80	
3.4.1.3 单位 GDP 工业烟(粉)尘排放量(吨/亿元)	6.40	
3.4.2 单位 GDP 综合能耗(吨标准煤/万元)	0.56	

福州

	得分/数值	排名
城市创新指数	**29.74**	**31**
1. 创新资源	**22.61**	**30**
2. 创新过程	**16.95**	**41**
3. 创新产出	**49.65**	**26**
1.1 教育资源	35.62	27
1.1.1 每万人普通高校在校生数量	466.05	
1.1.2 每万人中等职业学校在校生数量	297.72	
1.1.3.1 普通高校师生比	0.06	
1.1.3.2 职业高中师生比	0.03	
1.1.4 教育经费支出占 GDP 比重	2.27	
1.2 技术人力资源	10.57	23
1.2.1 每万人规模以上工业企业 R&D 活动人员数	41.43	

1.2.2 R&D 折合全时人员(万人年)	3.68	
1.3 科技投资资源	29.32	33
1.3.1 R&D 经费占 GDP 比重	1.76	
1.3.2 地方财政科技拨款占地方财政支出比重	2.19	
1.3.3 规模以上工业企业 R&D 经费支出占规模以上主营业务收入比重	0.96	
1.4 基础设施资源	14.93	29
1.4.1.1 每百人平均拥有固定电话数	30.22	
1.4.1.2 每百人平均拥有移动电话数	134.50	
1.4.1.3 每百人平均国际互联网络用户数	26.40	
1.4.2 城镇居民人均住房建筑面积	32.36	
1.4.3 每百人公共图书馆藏书	94.94	
2.1 知识创新	10.93	32
2.1.1.1 每十万人专利授权数	91.03	
2.1.1.2 每十万人发明专利授权数	19.24	
2.1.2 每亿元研究开发投入所取得的专利授权数	80.33	
2.2 技术商业化	0.61	36
2.2.1 技术市场成交额(亿元)	15.34	
2.3 技术独立性	45.78	29
2.3.1 规模以上工业企业技术引进经费占本地区规模以上工业企业 R&D 经费比重	3.37	
2.3.2 规模以上工业企业消化吸收经费与技术引进经费比例	16.85	
2.4 创新组织与活力	10.47	41
2.4.1 规模以上工业企业 R&D 项目数	1830	
2.4.2 国家级企业技术中心数	3	
3.1 产业发展	36.71	31
3.1.1 高技术产品出口额占商品出口额比重	16.64	
3.1.2 规模以上工业企业科技活动新产品产值占规模以上工业企业总产值比重	12.61	
3.1.3 第三产业产值占 GDP 比重	45.84	
3.2 居民生活	55.51	17
3.2.1 城镇居民失业率	2.37	

3.2.2 城镇居民人均可支配收入	29399	
3.3 经济效益	15.70	35
3.3.1 人均 GDP	58304	
3.4 可持续发展	90.67	9
3.4.1.1 单位 GDP 工业废水排放量(万吨/亿元)	1.26	
3.4.1.2 单位 GDP 工业二氧化硫排放量(吨/亿元)	18.07	
3.4.1.3 单位 GDP 工业烟(粉)尘排放量(吨/亿元)	8.89	
3.4.2 单位 GDP 综合能耗(吨标准煤/万元)	0.52	

广州

	得分/数值	排名
城市创新指数	**41.76**	**9**
1. 创新资源	**35.73**	**10**
2. 创新过程	**23.64**	**21**
3. 创新产出	**65.92**	**3**
1.1 教育资源	47.20	8
1.1.1 每万人普通高校在校生数量	1142.20	
1.1.2 每万人中等职业学校在校生数量	291.19	
1.1.3.1 普通高校师生比	0.06	
1.1.3.2 职业高中师生比	0.03	
1.1.4 教育经费支出占 GDP 比重	1.65	
1.2 技术人力资源	23.74	8
1.2.1 每万人规模以上工业企业 R&D 活动人员数	63.85	
1.2.2 R&D 折合全时人员(万人年)	9.00	
1.3 科技投资资源	43.09	21
1.3.1 R&D 经费占 GDP 比重	1.94	
1.3.2 地方财政科技拨款占地方财政支出比重	3.97	
1.3.3 规模以上工业企业 R&D 经费支出占规模以上主营业务收入比重	1.08	
1.4 基础设施资源	28.89	7
1.4.1.1 每百人平均拥有固定电话数	70.17	

1.4.1.2 每百人平均拥有移动电话数	369.72	
1.4.1.3 每百人平均国际互联网络用户数	68.47	
1.4.2 城镇居民人均住房建筑面积	32.55	
1.4.3 每百人公共图书馆藏书	251.80	
2.1 知识创新	17.87	20
2.1.1.1 每十万人专利授权数	268.10	
2.1.1.2 每十万人发明专利授权数	49.00	
2.1.2 每亿元研究开发投入所取得的专利授权数	103.50	
2.2 技术商业化	7.54	5
2.2.1 技术市场成交额(亿元)	185.77	
2.3 技术独立性	14.83	53
2.3.1 规模以上工业企业技术引进经费占本地区规模以上工业企业 R&D 经费比重	21.86	
2.3.2 规模以上工业企业消化吸收经费与技术引进经费比例	6.91	
2.4 创新组织与活力	54.30	6
2.4.1 规模以上工业企业 R&D 项目数	6334	
2.4.2 国家级企业技术中心数	25	
3.1 产业发展	48.98	15
3.1.1 高技术产品出口额占商品出口额比重	19.13	
3.1.2 规模以上工业企业科技活动新产品产值占规模以上工业企业总产值比重	13.93	
3.1.3 第三产业产值占 GDP 比重	63.59	
3.2 居民生活	72.16	6
3.2.1 城镇居民失业率	2.40	
3.2.2 城镇居民人均可支配收入	38054	
3.3 经济效益	47.97	7
3.3.1 人均 GDP	105909	
3.4 可持续发展	94.56	5
3.4.1.1 单位 GDP 工业废水排放量(万吨/亿元)	1.68	
3.4.1.2 单位 GDP 工业二氧化硫排放量(吨/亿元)	4.23[(6)]	
3.4.1.3 单位 GDP 工业烟(粉)尘排放量(吨/亿元)	1.05	

3.4.2 单位 GDP 综合能耗(吨标准煤/万元)	0.51	

贵阳

	得分/数值	排名
城市创新指数	**29.63**	**32**
1. 创新资源	**20.96**	**35**
2. 创新过程	**31.36**	**9**
3. 创新产出	**36.55**	**45**
1.1 教育资源	57.73	2
1.1.1 每万人普通高校在校生数量	1044.20	
1.1.2 每万人中等职业学校在校生数量	390.64	
1.1.3.1 普通高校师生比	0.03	
1.1.3.2 职业高中师生比	0.03	
1.1.4 教育经费支出占 GDP 比重	3.68	
1.2 技术人力资源	1.43	50
1.2.1 每万人规模以上工业企业 R&D 活动人员数	10.73(4)	
1.2.2 R&D 折合全时人员(万人年)	0.58(5)	
1.3 科技投资资源	19.73	40
1.3.1 R&D 经费占 GDP 比重	1.60	
1.3.2 地方财政科技拨款占地方财政支出比重	2.14	
1.3.3 规模以上工业企业 R&D 经费支出占规模以上主营业务收入比重	0.48(3)	
1.4 基础设施资源	4.96	54
1.4.1.1 每百人平均拥有固定电话数	27.23	
1.4.1.2 每百人平均拥有移动电话数	171.11	
1.4.1.3 每百人平均国际互联网络用户数	21.63	
1.4.2 城镇居民人均住房建筑面积	22.67	
1.4.3 每百人公共图书馆藏书	65.36	
2.1 知识创新	13.76	27
2.1.1.1 每十万人专利授权数	80.02	
2.1.1.2 每十万人发明专利授权数	11.45	
2.1.2 每亿元研究开发投入所取得的专利授权数	110.18	

2.2 技术商业化	0.32	43
2.2.1 技术市场成交额(亿元)	8.10	
2.3 技术独立性	99.34	1
2.3.1 规模以上工业企业技术引进经费占本地区规模以上工业企业R&D经费比重	0.77(4)	
2.3.2 规模以上工业企业消化吸收经费与技术引进经费比例	1046.35(4)	
2.4 创新组织与活力	12.02	40
2.4.1 规模以上工业企业R&D项目数	401	
2.4.2 国家级企业技术中心数	9	
3.1 产业发展	42.14	24
3.1.1 高技术产品出口额占商品出口额比重	1.38(5)	
3.1.2 规模以上工业企业科技活动新产品产值占规模以上工业企业总产值比重	19.29(4)	
3.1.3 第三产业产值占GDP比重	53.56	
3.2 居民生活	31.86	40
3.2.1 城镇居民失业率	2.94	
3.2.2 城镇居民人均可支配收入	21796	
3.3 经济效益	2.25	52
3.3.1 人均GDP	38447	
3.4 可持续发展	69.97	43
3.4.1.1 单位GDP工业废水排放量(万吨/亿元)	1.18	
3.4.1.2 单位GDP工业二氧化硫排放量(吨/亿元)	38.40	
3.4.1.3 单位GDP工业烟(粉)尘排放量(吨/亿元)	11.61	
3.4.2 单位GDP综合能耗(吨标准煤/万元)	1.35	

哈尔滨

	得分/数值	排名
城市创新指数	**25.94**	**41**
1. 创新资源	**20.54**	**37**
2. 创新过程	**20.83**	**31**

3. 创新产出	**36.46**	**46**
1.1 教育资源	34.03	30
1.1.1 每万人普通高校在校生数量	485.35	
1.1.2 每万人中等职业学校在校生数量	139.38	
1.1.3.1 普通高校师生比	0.07	
1.1.3.2 职业高中师生比	0.04	
1.1.4 教育经费支出占 GDP 比重	2.61	
1.2 技术人力资源	4.11	40
1.2.1 每万人规模以上工业企业 R&D 活动人员数	16.88	
1.2.2 R&D 折合全时人员(万人年)	1.60	
1.3 科技投资资源	38.77	27
1.3.1 R&D 经费占 GDP 比重	1.56	
1.3.2 地方财政科技拨款占地方财政支出比重	2.19	
1.3.3 规模以上工业企业 R&D 经费支出占规模以上主营业务收入比重	1.57(1)	
1.4 基础设施资源	5.26	52
1.4.1.1 每百人平均拥有固定电话数	22.06	
1.4.1.2 每百人平均拥有移动电话数	100.19	
1.4.1.3 每百人平均国际互联网络用户数	16.20	
1.4.2 城镇居民人均住房建筑面积	24.50	
1.4.3 每百人公共图书馆藏书	83.35	
2.1 知识创新	17.68	21
2.1.1.1 每十万人专利授权数	98.60	
2.1.1.2 每十万人发明专利授权数	20.25	
2.1.2 每亿元研究开发投入所取得的专利授权数	137.78	
2.2 技术商业化	3.49	13
2.2.1 技术市场成交额(亿元)	86.20	
2.3 技术独立性	45.54	31
2.3.1 规模以上工业企业技术引进经费占本地区规模以上工业企业 R&D 经费比重	4.33	
2.3.2 规模以上工业企业消化吸收经费与技术引进经费比例	44.87	

2.4 创新组织与活力	16.60	34
2.4.1 规模以上工业企业 R&D 项目数	1876	
2.4.2 国家级企业技术中心数	8	
3.1 产业发展	32.21	35
3.1.1 高技术产品出口额占商品出口额比重	3.87	
3.1.2 规模以上工业企业科技活动新产品产值占规模以上工业企业总产值比重	10.18	
3.1.3 第三产业产值占 GDP 比重	52.84	
3.2 居民生活	26.28	46
3.2.1 城镇居民失业率	3.40	
3.2.2 城镇居民人均可支配收入	22499	
3.3 经济效益	7.24	45
3.3.1 人均 GDP	45810	
3.4 可持续发展	80.12	33
3.4.1.1 单位 GDP 工业废水排放量(万吨/亿元)	1.43	
3.4.1.2 单位 GDP 工业二氧化硫排放量(吨/亿元)	17.74	
3.4.1.3 单位 GDP 工业烟(粉)尘排放量(吨/亿元)	11.48	
3.4.2 单位 GDP 综合能耗(吨标准煤/万元)	1.01	

海口

	得分/数值	排名
城市创新指数	**28.37**	**35**
1. 创新资源	**21.90**	**32**
2. 创新过程	**12.96**	**51**
3. 创新产出	**50.26**	**22**
1.1 教育资源	54.31	3
1.1.1 每万人普通高校在校生数量	714.75	
1.1.2 每万人中等职业学校在校生数量	580.87	
1.1.3.1 普通高校师生比	0.05	
1.1.3.2 职业高中师生比	0.03	
1.1.4 教育经费支出占 GDP 比重	2.59	

1.2 技术人力资源	0.27	52
1.2.1 每万人规模以上工业企业 R&D 活动人员数	7.07(4)	
1.2.2 R&D 折合全时人员（万人年）	0.17(5)	
1.3 科技投资资源	18.61	42
1.3.1 R&D 经费占 GDP 比重	2.23	
1.3.2 地方财政科技拨款占地方财政支出比重	1.41	
1.3.3 规模以上工业企业 R&D 经费支出占规模以上主营业务收入比重	0.46(3)	
1.4 基础设施资源	14.40	33
1.4.1.1 每百人平均拥有固定电话数	51.12	
1.4.1.2 每百人平均拥有移动电话数	227.74	
1.4.1.3 每百人平均国际互联网络用户数	30.32	
1.4.2 城镇居民人均住房建筑面积	30.30	
1.4.3 每百人公共图书馆藏书	28.47	
2.1 知识创新	6.69	44
2.1.1.1 每十万人专利授权数	53.65	
2.1.1.2 每十万人发明专利授权数	20.86	
2.1.2 每亿元研究开发投入所取得的专利授权数	47.39	
2.2 技术商业化	0.00	54
2.2.1 技术市场成交额（亿元）	0.35(5)	
2.3 技术独立性	42.47	38
2.3.1 规模以上工业企业技术引进经费占本地区规模以上工业企业 R&D 经费比重	5.05(4)	
2.3.2 规模以上工业企业消化吸收经费与技术引进经费比例	5.57(4)	
2.4 创新组织与活力	2.66	53
2.4.1 规模以上工业企业 R&D 项目数	141(4)	
2.4.2 国家级企业技术中心数	2	
3.1 产业发展	46.60	17
3.1.1 高技术产品出口额占商品出口额比重	17.91(5)	
3.1.2 规模以上工业企业科技活动新产品产值占规模以上工业企业总产值比重	10.02(4)	
3.1.3 第三产业产值占 GDP 比重	68.54	

3.2 居民生活	57.46	16
3.2.1 城镇居民失业率	1.32	
3.2.2 城镇居民人均可支配收入	22331	
3.3 经济效益	2.37	51
3.3.1 人均 GDP	38634	
3.4 可持续发展	94.60	4
3.4.1.1 单位 GDP 工业废水排放量(万吨/亿元)	1.07	
3.4.1.2 单位 GDP 工业二氧化硫排放量(吨/亿元)	2.24	
3.4.1.3 单位 GDP 工业烟(粉)尘排放量(吨/亿元)	0.89	
3.4.2 单位 GDP 综合能耗(吨标准煤/万元)	0.58	

杭州

	得分/数值	排名
城市创新指数	**42.91**	**7**
1. 创新资源	**33.35**	**12**
2. 创新过程	**35.03**	**7**
3. 创新产出	**60.36**	**7**
1.1 教育资源	36.13	23
1.1.1 每万人普通高校在校生数量	655.49	
1.1.2 每万人中等职业学校在校生数量	143.49	
1.1.3.1 普通高校师生比	0.06	
1.1.3.2 职业高中师生比	0.06	
1.1.4 教育经费支出占 GDP 比重	1.88	
1.2 技术人力资源	23.19	10
1.2.1 每万人规模以上工业企业 R&D 活动人员数	87.37	
1.2.2 R&D 折合全时人员(万人年)	7.83	
1.3 科技投资资源	58.18	6
1.3.1 R&D 经费占 GDP 比重	2.92	
1.3.2 地方财政科技拨款占地方财政支出比重	5.37	
1.3.3 规模以上工业企业 R&D 经费支出占规模以上主营业务收入比重	1.16	

1.4 基础设施资源	15.92	26
1.4.1.1 每百人平均拥有固定电话数	49.42	
1.4.1.2 每百人平均拥有移动电话数	205.37	
1.4.1.3 每百人平均国际互联网络用户数	39.40	
1.4.2 城镇居民人均住房建筑面积	25.80	
1.4.3 每百人公共图书馆藏书	248.10	
2.1 知识创新	32.75	9
2.1.1.1 每十万人专利授权数	580.30	
2.1.1.2 每十万人发明专利授权数	78.88	
2.1.2 每亿元研究开发投入所取得的专利授权数	178.29	
2.2 技术商业化	2.36	16
2.2.1 技术市场成交额(亿元)	58.41	
2.3 技术独立性	51.38	11
2.3.1 规模以上工业企业技术引进经费占本地区规模以上工业企业 R&D 经费比重	1.65	
2.3.2 规模以上工业企业消化吸收经费与技术引进经费比例	74.68	
2.4 创新组织与活力	53.61	7
2.4.1 规模以上工业企业 R&D 项目数	5854	
2.4.2 国家级企业技术中心数	26	
3.1 产业发展	51.22	9
3.1.1 高技术产品出口额占商品出口额比重	11.46	
3.1.2 规模以上工业企业科技活动新产品产值占规模以上工业企业总产值比重	24.60	
3.1.3 第三产业产值占 GDP 比重	50.94	
3.2 居民生活	68.81	9
3.2.1 城镇居民失业率	2.55	
3.2.2 城镇居民人均可支配收入	37511	
3.3 经济效益	36.48	12
3.3.1 人均 GDP	88962	
3.4 可持续发展	84.92	24
3.4.1.1 单位 GDP 工业废水排放量(万吨/亿元)	5.48	

3.4.1.2 单位 GDP 工业二氧化硫排放量(吨/亿元)	11.05	
3.4.1.3 单位 GDP 工业烟(粉)尘排放量(吨/亿元)	4.23	
3.4.2 单位 GDP 综合能耗(吨标准煤/万元)	0.54	

合肥

	得分/数值	排名
城市创新指数	**27.69**	**36**
1. 创新资源	**26.28**	**20**
2. 创新过程	**19.31**	**35**
3. 创新产出	**37.48**	**43**
1.1 教育资源	33.76	32
1.1.1 每万人普通高校在校生数量	587.18	
1.1.2 每万人中等职业学校在校生数量	198.35	
1.1.3.1 普通高校师生比	0.05	
1.1.3.2 职业高中师生比	0.03	
1.1.4 教育经费支出占 GDP 比重	2.39	
1.2 技术人力资源	12.17	20
1.2.1 每万人规模以上工业企业 R&D 活动人员数	46.14	
1.2.2 R&D 折合全时人员(万人年)	4.25	
1.3 科技投资资源	49.80	12
1.3.1 R&D 经费占 GDP 比重	2.87	
1.3.2 地方财政科技拨款占地方财政支出比重	4.66	
1.3.3 规模以上工业企业 R&D 经费支出占规模以上主营业务收入比重	0.93	
1.4 基础设施资源	9.39	46
1.4.1.1 每百人平均拥有固定电话数	26.84	
1.4.1.2 每百人平均拥有移动电话数	86.62	
1.4.1.3 每百人平均国际互联网络用户数	13.09	
1.4.2 城镇居民人均住房建筑面积	28.80	
1.4.3 每百人公共图书馆藏书	98.11	
2.1 知识创新	11.82	29
2.1.1.1 每十万人专利授权数	135.66	

2.1.1.2 每十万人发明专利授权数	17.48	
2.1.2 每亿元研究开发投入所取得的专利授权数	83.16	
2.2 技术商业化	1.71	20
2.2.1 技术市场成交额(亿元)	42.30	
2.3 技术独立性	33.32	46
2.3.1 规模以上工业企业技术引进经费占本地区规模以上工业企业 R&D 经费比重	10.63	
2.3.2 规模以上工业企业消化吸收经费与技术引进经费比例	6.41	
2.4 创新组织与活力	30.38	18
2.4.1 规模以上工业企业 R&D 项目数	2355	
2.4.2 国家级企业技术中心数	18	
3.1 产业发展	18.21	52
3.1.1 高技术产品出口额占商品出口额比重	10.51	
3.1.2 规模以上工业企业科技活动新产品产值占规模以上工业企业总产值比重	2.10	
3.1.3 第三产业产值占 GDP 比重	39.17	
3.2 居民生活	28.29	44
3.2.1 城镇居民失业率	3.65	
3.2.2 城镇居民人均可支配收入	25434	
3.3 经济效益	13.59	39
3.3.1 人均 GDP	55186	
3.4 可持续发展	89.83	11
3.4.1.1 单位 GDP 工业废水排放量(万吨/亿元)	1.43	
3.4.1.2 单位 GDP 工业二氧化硫排放量(吨/亿元)	10.94	
3.4.1.3 单位 GDP 工业烟(粉)尘排放量(吨/亿元)	9.87	
3.4.2 单位 GDP 综合能耗(吨标准煤/万元)	0.60	

呼和浩特

	得分/数值	排名
城市创新指数	**24.70**	**45**

1. 创新资源	**18.85**	**42**
2. 创新过程	**10.13**	**54**
3. 创新产出	**45.13**	**33**
1.1 教育资源	46.12	12
1.1.1 每万人普通高校在校生数量	986.41	
1.1.2 每万人中等职业学校在校生数量	222.09	
1.1.3.1 普通高校师生比	0.05	
1.1.3.2 职业高中师生比	0.07	
1.1.4 教育经费支出占 GDP 比重	1.38	
1.2 技术人力资源	2.92	47
1.2.1 每万人规模以上工业企业 R&D 活动人员数	24.56	
1.2.2 R&D 折合全时人员(万人年)	0.74	
1.3 科技投资资源	12.12	51
1.3.1 R&D 经费占 GDP 比重	0.73	
1.3.2 地方财政科技拨款占地方财政支出比重	0.79	
1.3.3 规模以上工业企业 R&D 经费支出占规模以上主营业务收入比重	0.78	
1.4 基础设施资源	14.24	34
1.4.1.1 每百人平均拥有固定电话数	34.47	
1.4.1.2 每百人平均拥有移动电话数	160.91	
1.4.1.3 每百人平均国际互联网络用户数	18.24	
1.4.2 城镇居民人均住房建筑面积	31.88	
1.4.3 每百人公共图书馆藏书	97.26	
2.1 知识创新	8.02	41
2.1.1.1 每十万人专利授权数	49.50	
2.1.1.2 每十万人发明专利授权数	13.80	
2.1.2 每亿元研究开发投入所取得的专利授权数	62.98	
2.2 技术商业化	0.65	35
2.2.1 技术市场成交额(亿元)	16.42[5]	
2.3 技术独立性	27.30	50
2.3.1 规模以上工业企业技术引进经费占本地区规模以上工业企业 R&D 经费比重	15.44	

2.3.2 规模以上工业企业消化吸收经费与技术引进经费比例	46.46	
2.4 创新组织与活力	4.55	51
2.4.1 规模以上工业企业 R&D 项目数	319	
2.4.2 国家级企业技术中心数	3	
3.1 产业发展	29.38	39
3.1.1 高技术产品出口额占商品出口额比重	1.55	
3.1.2 规模以上工业企业科技活动新产品产值占规模以上工业企业总产值比重	5.87	
3.1.3 第三产业产值占 GDP 比重	58.68	
3.2 居民生活	42.84	32
3.2.1 城镇居民失业率	3.63	
3.2.2 城镇居民人均可支配收入	32646	
3.3 经济效益	33.48	18
3.3.1 人均 GDP	84534	
3.4 可持续发展	74.81	38
3.4.1.1 单位 GDP 工业废水排放量(万吨/亿元)	0.88	
3.4.1.2 单位 GDP 工业二氧化硫排放量(吨/亿元)	40.14	
3.4.1.3 单位 GDP 工业烟(粉)尘排放量(吨/亿元)	7.42	
3.4.2 单位 GDP 综合能耗(吨标准煤/万元)	1.17	

嘉兴

	得分/数值	排名
城市创新指数	**32.17**	**25**
1. 创新资源	**25.81**	**21**
2. 创新过程	**21.25**	**30**
3. 创新产出	**49.45**	**29**
1.1 教育资源	25.90	45
1.1.1 每万人普通高校在校生数量	176.35	
1.1.2 每万人中等职业学校在校生数量	174.07	
1.1.3.1 普通高校师生比	0.05	
1.1.3.2 职业高中师生比	0.04	

1.1.4 教育经费支出占 GDP 比重	2.25	
1.2 技术人力资源	11.49	22
1.2.1 每万人规模以上工业企业 R&D 活动人员数	88.98	
1.2.2 R&D 折合全时人员(万人年)	2.27	
1.3 科技投资资源	44.21	16
1.3.1 R&D 经费占 GDP 比重	2.35	
1.3.2 地方财政科技拨款占地方财政支出比重	3.49	
1.3.3 规模以上工业企业 R&D 经费支出占规模以上主营业务收入比重	1.18	
1.4 基础设施资源	21.62	14
1.4.1.1 每百人平均拥有固定电话数	45.25	
1.4.1.2 每百人平均拥有移动电话数	158.15	
1.4.1.3 每百人平均国际互联网络用户数	32.51	
1.4.2 城镇居民人均住房建筑面积	35.55	
1.4.3 每百人公共图书馆藏书	172.33	
2.1 知识创新	25.55	12
2.1.1.1 每十万人专利授权数	348.56	
2.1.1.2 每十万人发明专利授权数	14.22	
2.1.2 每亿元研究开发投入所取得的专利授权数	176.74	
2.2 技术商业化	0.07	50
2.2.1 技术市场成交额(亿元)	2.15	
2.3 技术独立性	44.15	36
2.3.1 规模以上工业企业技术引进经费占本地区规模以上工业企业 R&D 经费比重	5.68	
2.3.2 规模以上工业企业消化吸收经费与技术引进经费比例	62.23	
2.4 创新组织与活力	15.24	35
2.4.1 规模以上工业企业 R&D 项目数	3351	
2.4.2 国家级企业技术中心数	2	
3.1 产业发展	49.93	13
3.1.1 高技术产品出口额占商品出口额比重	8.65	
3.1.2 规模以上工业企业科技活动新产品产值占规模以上工业企业总产值比重	29.96	

3.1.3 第三产业产值占 GDP 比重	39.30	
3.2 居民生活	54.32	19
3.2.1 城镇居民失业率	3.00	
3.2.2 城镇居民人均可支配收入	33626	
3.3 经济效益	19.36	28
3.3.1 人均 GDP	63704	
3.4 可持续发展	74.21	40
3.4.1.1 单位 GDP 工业废水排放量(万吨/亿元)	8.05	
3.4.1.2 单位 GDP 工业二氧化硫排放量(吨/亿元)	26.49	
3.4.1.3 单位 GDP 工业烟(粉)尘排放量(吨/亿元)	8.72	
3.4.2 单位 GDP 综合能耗(吨标准煤/万元)	0.65	

济南

	得分/数值	排名
城市创新指数	**36.09**	**15**
1. 创新资源	**28.05**	**17**
2. 创新过程	**28.14**	**12**
3. 创新产出	**52.09**	**20**
1.1 教育资源	40.72	18
1.1.1 每万人普通高校在校生数量	1083.32	
1.1.2 每万人中等职业学校在校生数量	147.72	
1.1.3.1 普通高校师生比	0.05	
1.1.3.2 职业高中师生比	0.05	
1.1.4 教育经费支出占 GDP 比重	1.71	
1.2 技术人力资源	11.85	21
1.2.1 每万人规模以上工业企业 R&D 活动人员数	49.84	
1.2.2 R&D 折合全时人员(万人年)	3.96	
1.3 科技投资资源	41.00	24
1.3.1 R&D 经费占 GDP 比重	2.06	
1.3.2 地方财政科技拨款占地方财政支出比重	2.56	

指标	数值	排名
1.3.3 规模以上工业企业 R&D 经费支出占规模以上主营业务收入比重	1.41	
1.4 基础设施资源	18.64	20
1.4.1.1 每百人平均拥有固定电话数	31.72	
1.4.1.2 每百人平均拥有移动电话数	160.53	
1.4.1.3 每百人平均国际互联网络用户数	28.56	
1.4.2 城镇居民人均住房建筑面积	33.30	
1.4.3 每百人公共图书馆藏书	188.34	
2.1 知识创新	21.39	16
2.1.1.1 每十万人专利授权数	235.83	
2.1.1.2 每十万人发明专利授权数	34.85	
2.1.2 每亿元研究开发投入所取得的专利授权数	145.19	
2.2 技术商业化	1.06	26
2.2.1 技术市场成交额(亿元)	26.37	
2.3 技术独立性	57.41	4
2.3.1 规模以上工业企业技术引进经费占本地区规模以上工业企业 R&D 经费比重	1.93	
2.3.2 规模以上工业企业消化吸收经费与技术引进经费比例	210.31	
2.4 创新组织与活力	32.71	17
2.4.1 规模以上工业企业 R&D 项目数	2644	
2.4.2 国家级企业技术中心数	19	
3.1 产业发展	51.93	8
3.1.1 高技术产品出口额占商品出口额比重	11.20	
3.1.2 规模以上工业企业科技活动新产品产值占规模以上工业企业总产值比重	23.69	
3.1.3 第三产业产值占 GDP 比重	54.39	
3.2 居民生活	50.72	24
3.2.1 城镇居民失业率	3.10	
3.2.2 城镇居民人均可支配收入	32570	
3.3 经济效益	23.25	27
3.3.1 人均 GDP	69444	

3.4 可持续发展	82.46	27
3.4.1.1 单位 GDP 工业废水排放量(万吨/亿元)	1.38	
3.4.1.2 单位 GDP 工业二氧化硫排放量(吨/亿元)	21.48	
3.4.1.3 单位 GDP 工业烟(粉)尘排放量(吨/亿元)	10.74	
3.4.2 单位 GDP 综合能耗(吨标准煤/万元)	0.87	

昆明

	得分/数值	排名
城市创新指数	**26.24**	**39**
1. 创新资源	**22.76**	**29**
2. 创新过程	**16.55**	**42**
3. 创新产出	**39.42**	**40**
1.1 教育资源	47.68	7
1.1.1 每万人普通高校在校生数量	664.24	
1.1.2 每万人中等职业学校在校生数量	317.02	
1.1.3.1 普通高校师生比	0.06	
1.1.3.2 职业高中师生比	0.03	
1.1.4 教育经费支出占 GDP 比重	3.04	
1.2 技术人力资源	4.00	42
1.2.1 每万人规模以上工业企业 R&D 活动人员数	14.57	
1.2.2 R&D 折合全时人员(万人年)	1.64	
1.3 科技投资资源	22.88	35
1.3.1 R&D 经费占 GDP 比重	1.75	
1.3.2 地方财政科技拨款占地方财政支出比重	1.74	
1.3.3 规模以上工业企业 R&D 经费支出占规模以上主营业务收入比重	0.75	
1.4 基础设施资源	16.47	25
1.4.1.1 每百人平均拥有固定电话数	32.08	
1.4.1.2 每百人平均拥有移动电话数	147.49	
1.4.1.3 每百人平均国际互联网络用户数	25.94	
1.4.2 城镇居民人均住房建筑面积	35.10	
1.4.3 每百人公共图书馆藏书	41.46	

2.1 知识创新	10.14	34
2.1.1.1 每十万人专利授权数	66.11	
2.1.1.2 每十万人发明专利授权数	16.60	
2.1.2 每亿元研究开发投入所取得的专利授权数	77.96	
2.2 技术商业化	0.82	31
2.2.1 技术市场成交额(亿元)	20.47	
2.3 技术独立性	36.35	44
2.3.1 规模以上工业企业技术引进经费占本地区规模以上工业企业 R&D 经费比重	9.75	
2.3.2 规模以上工业企业消化吸收经费与技术引进经费比例	39.54	
2.4 创新组织与活力	18.87	28
2.4.1 规模以上工业企业 R&D 项目数	935	
2.4.2 国家级企业技术中心数	13	
3.1 产业发展	28.01	42
3.1.1 高技术产品出口额占商品出口额比重	6.04(5)	
3.1.2 规模以上工业企业科技活动新产品产值占规模以上工业企业总产值比重	7.60	
3.1.3 第三产业产值占 GDP 比重	48.93	
3.2 居民生活	48.07	27
3.2.1 城镇居民失业率	2.38	
3.2.2 城镇居民人均可支配收入	25706	
3.3 经济效益	7.54	44
3.3.1 人均 GDP	46256	
3.4 可持续发展	74.06	41
3.4.1.1 单位 GDP 工业废水排放量(万吨/亿元)	1.72	
3.4.1.2 单位 GDP 工业二氧化硫排放量(吨/亿元)	37.62	
3.4.1.3 单位 GDP 工业烟(粉)尘排放量(吨/亿元)	19.37	
3.4.2 单位 GDP 综合能耗(吨标准煤/万元)	1.01	

兰州

	得分/数值	排名
城市创新指数	**22.87**	**49**
1. 创新资源	**20.12**	**38**
2. 创新过程	**12.64**	**52**
3. 创新产出	**35.85**	**47**
1.1 教育资源	50.49	5
1.1.1 每万人普通高校在校生数量	953.70	
1.1.2 每万人中等职业学校在校生数量	264.07	
1.1.3.1 普通高校师生比	0.06	
1.1.3.2 职业高中师生比	0.05	
1.1.4 教育经费支出占 GDP 比重	2.58	
1.2 技术人力资源	3.35	45
1.2.1 每万人规模以上工业企业 R&D 活动人员数	15.96(4)	
1.2.2 R&D 折合全时人员(万人年)	1.28	
1.3 科技投资资源	18.35	43
1.3.1 R&D 经费占 GDP 比重	1.87	
1.3.2 地方财政科技拨款占地方财政支出比重	1.63	
1.3.3 规模以上工业企业 R&D 经费支出占规模以上主营业务收入比重	0.48(3)	
1.4 基础设施资源	8.31	50
1.4.1.1 每百人平均拥有固定电话数	27.71	
1.4.1.2 每百人平均拥有移动电话数	104.14	
1.4.1.3 每百人平均国际互联网络用户数	17.73	
1.4.2 城镇居民人均住房建筑面积	25.60	
1.4.3 每百人公共图书馆藏书	145.65	
2.1 知识创新	14.31	25
2.1.1.1 每十万人专利授权数	102.60	
2.1.1.2 每十万人发明专利授权数	10.40	
2.1.2 每亿元研究开发投入所取得的专利授权数	112.59	
2.2 技术商业化	1.13	25

2.2.1 技术市场成交额(亿元)	28.18[5]	
2.3 技术独立性	29.59	48
2.3.1 规模以上工业企业技术引进经费占本地区规模以上工业企业 R&D 经费比重	12.92[4]	
2.3.2 规模以上工业企业消化吸收经费与技术引进经费比例	7.46[4]	
2.4 创新组织与活力	5.52	48
2.4.1 规模以上工业企业 R&D 项目数	566[4]	
2.4.2 国家级企业技术中心数	3	
3.1 产业发展	27.62	45
3.1.1 高技术产品出口额占商品出口额比重	1.95[5]	
3.1.2 规模以上工业企业科技活动新产品产值占规模以上工业企业总产值比重	8.49[4]	
3.1.3 第三产业产值占 GDP 比重	49.53	
3.2 居民生活	45.08	30
3.2.1 城镇居民失业率	1.63	
3.2.2 城镇居民人均可支配收入	18443	
3.3 经济效益	5.45	48
3.3.1 人均 GDP	43175	
3.4 可持续发展	65.26	45
3.4.1.1 单位 GDP 工业废水排放量(万吨/亿元)	3.07	
3.4.1.2 单位 GDP 工业二氧化硫排放量(吨/亿元)	44.86	
3.4.1.3 单位 GDP 工业烟(粉)尘排放量(吨/亿元)	21.48	
3.4.2 单位 GDP 综合能耗(吨标准煤/万元)	1.24[7]	

南昌

	得分/数值	排名
城市创新指数	**24.36**	**47**
1. 创新资源	**19.35**	**40**
2. 创新过程	**16.45**	**43**
3. 创新产出	**37.28**	**44**

1.1 教育资源	41.14	17
1.1.1 每万人普通高校在校生数量	1002.70	
1.1.2 每万人中等职业学校在校生数量	209.37	
1.1.3.1 普通高校师生比	0.06	
1.1.3.2 职业高中师生比	0.02	
1.1.4 教育经费支出占 GDP 比重	2.11	
1.2 技术人力资源	3.64	44
1.2.1 每万人规模以上工业企业 R&D 活动人员数	26.75	
1.2.2 R&D 折合全时人员(万人年)	0.99(5)	
1.3 科技投资资源	21.80	37
1.3.1 R&D 经费占 GDP 比重	1.79(2)	
1.3.2 地方财政科技拨款占地方财政支出比重	1.43	
1.3.3 规模以上工业企业 R&D 经费支出占规模以上主营业务收入比重	0.78	
1.4 基础设施资源	10.81	43
1.4.1.1 每百人平均拥有固定电话数	27.14	
1.4.1.2 每百人平均拥有移动电话数	122.23	
1.4.1.3 每百人平均国际互联网络用户数	16.34	
1.4.2 城镇居民人均住房建筑面积	29.04	
1.4.3 每百人公共图书馆藏书	113.87	
2.1 知识创新	8.42	39
2.1.1.1 每十万人专利授权数	59.11	
2.1.1.2 每十万人发明专利授权数	33.20	
2.1.2 每亿元研究开发投入所取得的专利授权数	55.87	
2.2 技术商业化	0.58	37
2.2.1 技术市场成交额(亿元)	14.50	
2.3 技术独立性	48.60	20
2.3.1 规模以上工业企业技术引进经费占本地区规模以上工业企业 R&D 经费比重	1.87	
2.3.2 规模以上工业企业消化吸收经费与技术引进经费比例	24.27	
2.4 创新组织与活力	8.21	45
2.4.1 规模以上工业企业 R&D 项目数	950	

2.4.2 国家级企业技术中心数	4	
3.1 产业发展	28.65	41
3.1.1 高技术产品出口额占商品出口额比重	13.42	
3.1.2 规模以上工业企业科技活动新产品产值占规模以上工业企业总产值比重	10.24	
3.1.3 第三产业产值占 GDP 比重	38.65	
3.2 居民生活	17.85	51
3.2.1 城镇居民失业率	4.10	
3.2.2 城镇居民人均可支配收入	23602	
3.3 经济效益	15.98	33
3.3.1 人均 GDP	58715	
3.4 可持续发展	86.65	19
3.4.1.1 单位 GDP 工业废水排放量(万吨/亿元)	3.64	
3.4.1.2 单位 GDP 工业二氧化硫排放量(吨/亿元)	14.49	
3.4.1.3 单位 GDP 工业烟(粉)尘排放量(吨/亿元)	3.70	
3.4.2 单位 GDP 综合能耗(吨标准煤/万元)	0.60	

南京

	得分/数值	排名
城市创新指数	**38.51**	**11**
1. 创新资源	**36.01**	**8**
2. 创新过程	**23.29**	**22**
3. 创新产出	**56.22**	**14**
1.1 教育资源	47.06	9
1.1.1 每万人普通高校在校生数量	1021.10	
1.1.2 每万人中等职业学校在校生数量	159.13	
1.1.3.1 普通高校师生比	0.07	
1.1.3.2 职业高中师生比	0.06	
1.1.4 教育经费支出占 GDP 比重	1.74	
1.2 技术人力资源	23.22	9
1.2.1 每万人规模以上工业企业 R&D 活动人员数	88.92	

1.2.2 R&D 折合全时人员(万人年)	7.78	
1.3 科技投资资源	55.70	10
1.3.1 R&D 经费占 GDP 比重	3.28	
1.3.2 地方财政科技拨款占地方财政支出比重	4.64	
1.3.3 规模以上工业企业 R&D 经费支出占规模以上主营业务收入比重	1.15	
1.4 基础设施资源	18.05	22
1.4.1.1 每百人平均拥有固定电话数	45.25	
1.4.1.2 每百人平均拥有移动电话数	180.60	
1.4.1.3 每百人平均国际互联网络用户数	32.11	
1.4.2 城镇居民人均住房建筑面积	29.61	
1.4.3 每百人公共图书馆藏书	246.46	
2.1 知识创新	16.52	24
2.1.1.1 每十万人专利授权数	291.50	
2.1.1.2 每十万人发明专利授权数	69.49	
2.1.2 每亿元研究开发投入所取得的专利授权数	78.75	
2.2 技术商业化	5.90	7
2.2.1 技术市场成交额(亿元)	145.38	
2.3 技术独立性	35.80	45
2.3.1 规模以上工业企业技术引进经费占本地区规模以上工业企业 R&D 经费比重	9.85	
2.3.2 规模以上工业企业消化吸收经费与技术引进经费比例	31.53	
2.4 创新组织与活力	34.96	15
2.4.1 规模以上工业企业 R&D 项目数	5650	
2.4.2 国家级企业技术中心数	11	
3.1 产业发展	44.47	21
3.1.1 高技术产品出口额占商品出口额比重	23.37	
3.1.2 规模以上工业企业科技活动新产品产值占规模以上工业企业总产值比重	13.26	
3.1.3 第三产业产值占 GDP 比重	53.40	
3.2 居民生活	61.91	13
3.2.1 城镇居民失业率	2.69	

3.2.2 城镇居民人均可支配收入	35092	
3.3 经济效益	36.19	13
3.3.1 人均 GDP	88525	
3.4 可持续发展	82.31	28
3.4.1.1 单位 GDP 工业废水排放量(万吨/亿元)	3.36	
3.4.1.2 单位 GDP 工业二氧化硫排放量(吨/亿元)	16.55	
3.4.1.3 单位 GDP 工业烟(粉)尘排放量(吨/亿元)	5.65	
3.4.2 单位 GDP 综合能耗(吨标准煤/万元)	0.80	

南宁

	得分/数值	排名
城市创新指数	**23.62**	**48**
1. 创新资源	**15.43**	**50**
2. 创新过程	**17.91**	**39**
3. 创新产出	**37.51**	**42**
1.1 教育资源	35.65	26
1.1.1 每万人普通高校在校生数量	445.76	
1.1.2 每万人中等职业学校在校生数量	285.63	
1.1.3.1 普通高校师生比	0.05	
1.1.3.2 职业高中师生比	0.03	
1.1.4 教育经费支出占 GDP 比重	2.64	
1.2 技术人力资源	1.11	51
1.2.1 每万人规模以上工业企业 R&D 活动人员数	6.94	
1.2.2 R&D 折合全时人员(万人年)	0.57	
1.3 科技投资资源	15.08	50
1.3.1 R&D 经费占 GDP 比重	1.24[(1)]	
1.3.2 地方财政科技拨款占地方财政支出比重	1.57	
1.3.3 规模以上工业企业 R&D 经费支出占规模以上主营业务收入比重	0.52	
1.4 基础设施资源	9.89	44
1.4.1.1 每百人平均拥有固定电话数	16.35	

1.4.1.2 每百人平均拥有移动电话数	84.46	
1.4.1.3 每百人平均国际互联网络用户数	70.78	
1.4.2 城镇居民人均住房建筑面积	23.70	
1.4.3 每百人公共图书馆藏书	80.34	
2.1 知识创新	5.95	47
2.1.1.1 每十万人专利授权数	23.00	
2.1.1.2 每十万人发明专利授权数	5.00	
2.1.2 每亿元研究开发投入所取得的专利授权数	52.60(1)	
2.2 技术商业化	0.05	51
2.2.1 技术市场成交额(亿元)	1.59	
2.3 技术独立性	61.04	2
2.3.1 规模以上工业企业技术引进经费占本地区规模以上工业企业 R&D 经费比重	0.37(4)	
2.3.2 规模以上工业企业消化吸收经费与技术引进经费比例	232.42(4)	
2.4 创新组织与活力	4.61	50
2.4.1 规模以上工业企业 R&D 项目数	1245	
2.4.2 国家级企业技术中心数	0	
3.1 产业发展	39.26	28
3.1.1 高技术产品出口额占商品出口额比重	19.86	
3.1.2 规模以上工业企业科技活动新产品产值占规模以上工业企业总产值比重	12.27(4)	
3.1.3 第三产业产值占 GDP 比重	48.72	
3.2 居民生活	29.74	41
3.2.1 城镇居民失业率	3.13	
3.2.2 城镇居民人均可支配收入	22181	
3.3 经济效益	0.00	54
3.3.1 人均 GDP	35133	
3.4 可持续发展	81.02	32
3.4.1.1 单位 GDP 工业废水排放量(万吨/亿元)	4.99	
3.4.1.2 单位 GDP 工业二氧化硫排放量(吨/亿元)	12.23	
3.4.1.3 单位 GDP 工业烟(粉)尘排放量(吨/亿元)	9.99	

3.4.2 单位 GDP 综合能耗(吨标准煤/万元)	0.70[7]	

南通	得分/数值	排名
城市创新指数	**33.29**	**21**
1. 创新资源	**26.59**	**19**
2. 创新过程	**27.65**	**13**
3. 创新产出	**45.62**	**32**
1.1 教育资源	28.92	39
1.1.1 每万人普通高校在校生数量	98.54	
1.1.2 每万人中等职业学校在校生数量	83.81	
1.1.3.1 普通高校师生比	0.05	
1.1.3.2 职业高中师生比	0.08	
1.1.4 教育经费支出占 GDP 比重	2.50	
1.2 技术人力资源	13.78	16
1.2.1 每万人规模以上工业企业 R&D 活动人员数	68.48	
1.2.2 R&D 折合全时人员(万人年)	4.14	
1.3 科技投资资源	43.75	17
1.3.1 R&D 经费占 GDP 比重	2.67	
1.3.2 地方财政科技拨款占地方财政支出比重	3.00	
1.3.3 规模以上工业企业 R&D 经费支出占规模以上主营业务收入比重	1.22	
1.4 基础设施资源	19.91	17
1.4.1.1 每百人平均拥有固定电话数	33.92	
1.4.1.2 每百人平均拥有移动电话数	105.74	
1.4.1.3 每百人平均国际互联网络用户数	15.16	
1.4.2 城镇居民人均住房建筑面积	39.80	
1.4.3 每百人公共图书馆藏书	70.13	
2.1 知识创新	47.09	5
2.1.1.1 每十万人专利授权数	473.67	
2.1.1.2 每十万人发明专利授权数	9.15	
2.1.2 每亿元研究开发投入所取得的专利授权数	350.87	

2.2 技术商业化	1.51	22
2.2.1 技术市场成交额(亿元)	37.51[(5)]	
2.3 技术独立性	44.16	35
2.3.1 规模以上工业企业技术引进经费占本地区规模以上工业企业 R&D 经费比重	4.72	
2.3.2 规模以上工业企业消化吸收经费与技术引进经费比例	29.39	
2.4 创新组织与活力	17.86	31
2.4.1 规模以上工业企业 R&D 项目数	4627	
2.4.2 国家级企业技术中心数	0	
3.1 产业发展	30.01	38
3.1.1 高技术产品出口额占商品出口额比重	11.73	
3.1.2 规模以上工业企业科技活动新产品产值占规模以上工业企业总产值比重	11.38	
3.1.3 第三产业产值占 GDP 比重	40.04	
3.2 居民生活	47.27	29
3.2.1 城镇居民失业率	2.77	
3.2.2 城镇居民人均可支配收入	28292	
3.3 经济效益	18.55	29
3.3.1 人均 GDP	62506	
3.4 可持续发展	86.64	20
3.4.1.1 单位 GDP 工业废水排放量(万吨/亿元)	3.99	
3.4.1.2 单位 GDP 工业二氧化硫排放量(吨/亿元)	15.32	
3.4.1.3 单位 GDP 工业烟(粉)尘排放量(吨/亿元)	7.98	
3.4.2 单位 GDP 综合能耗(吨标准煤/万元)	0.51	

宁波

	得分/数值	排名
城市创新指数	**42.15**	**8**
1. 创新资源	**27.30**	**18**
2. 创新过程	**41.66**	**4**

3. 创新产出	**57.51**	**10**
1.1 教育资源	29.93	37
1.1.1 每万人普通高校在校生数量	251.61	
1.1.2 每万人中等职业学校在校生数量	138.99	
1.1.3.1 普通高校师生比	0.05	
1.1.3.2 职业高中师生比	0.07	
1.1.4 教育经费支出占GDP比重	2.15	
1.2 技术人力资源	18.16	14
1.2.1 每万人规模以上工业企业R&D活动人员数	120.85	
1.2.2 R&D折合全时人员(万人年)	4.16(5)	
1.3 科技投资资源	41.31	22
1.3.1 R&D经费占GDP比重	2.04	
1.3.2 地方财政科技拨款占地方财政支出比重	3.96	
1.3.3 规模以上工业企业R&D经费支出占规模以上主营业务收入比重	0.95	
1.4 基础设施资源	19.79	18
1.4.1.1 每百人平均拥有固定电话数	53.31	
1.4.1.2 每百人平均拥有移动电话数	188.33	
1.4.1.3 每百人平均国际互联网络用户数	39.99	
1.4.2 城镇居民人均住房建筑面积	32.88	
1.4.3 每百人公共图书馆藏书	126.83	
2.1 知识创新	66.99	1
2.1.1.1 每十万人专利授权数	1024.30	
2.1.1.2 每十万人发明专利授权数	35.74	
2.1.2 每亿元研究开发投入所取得的专利授权数	440.09	
2.2 技术商业化	0.42	41
2.2.1 技术市场成交额(亿元)	10.64	
2.3 技术独立性	47.45	26
2.3.1 规模以上工业企业技术引进经费占本地区规模以上工业企业R&D经费比重	2.15	
2.3.2 规模以上工业企业消化吸收经费与技术引进经费比例	9.89	

2.4 创新组织与活力	51.77	8
2.4.1 规模以上工业企业 R&D 项目数	10853	
2.4.2 国家级企业技术中心数	8	
3.1 产业发展	40.02	27
3.1.1 高技术产品出口额占商品出口额比重	7.99	
3.1.2 规模以上工业企业科技活动新产品产值占规模以上工业企业总产值比重	20.20	
3.1.3 第三产业产值占 GDP 比重	42.49	
3.2 居民生活	68.83	8
3.2.1 城镇居民失业率	2.60	
3.2.2 城镇居民人均可支配收入	37902	
3.3 经济效益	34.63	15
3.3.1 人均 GDP	86228	
3.4 可持续发展	86.56	21
3.4.1.1 单位 GDP 工业废水排放量(万吨/亿元)	3.06	
3.4.1.2 单位 GDP 工业二氧化硫排放量(吨/亿元)	21.93	
3.4.1.3 单位 GDP 工业烟(粉)尘排放量(吨/亿元)	4.88	
3.4.2 单位 GDP 综合能耗(吨标准煤/万元)	0.57	

青岛

	得分/数值	排名
城市创新指数	**34.53**	**18**
1. 创新资源	**23.94**	**27**
2. 创新过程	**26.77**	**14**
3. 创新产出	**52.88**	**18**
1.1 教育资源	32.77	33
1.1.1 每万人普通高校在校生数量	385.47	
1.1.2 每万人中等职业学校在校生数量	176.47	
1.1.3.1 普通高校师生比	0.06	
1.1.3.2 职业高中师生比	0.06	
1.1.4 教育经费支出占 GDP 比重	1.96	

1.2 技术人力资源	12.60	19
1.2.1 每万人规模以上工业企业 R&D 活动人员数	55.19	
1.2.2 R&D 折合全时人员(万人年)	4.10	
1.3 科技投资资源	38.78	26
1.3.1 R&D 经费占 GDP 比重	2.61	
1.3.2 地方财政科技拨款占地方财政支出比重	2.69	
1.3.3 规模以上工业企业 R&D 经费支出占规模以上主营业务收入比重	1.06	
1.4 基础设施资源	11.62	39
1.4.1.1 每百人平均拥有固定电话数	32.90	
1.4.1.2 每百人平均拥有移动电话数	153.20	
1.4.1.3 每百人平均国际互联网络用户数	28.33	
1.4.2 城镇居民人均住房使用面积	28.80	
1.4.3 每百人公共图书馆藏书	68.92	
2.1 知识创新	11.70	30
2.1.1.1 每十万人专利授权数	164.89	
2.1.1.2 每十万人发明专利授权数	19.62	
2.1.2 每亿元研究开发投入所取得的专利授权数	77.23	
2.2 技术商业化	0.88	30
2.2.1 技术市场成交额(亿元)	21.97	
2.3 技术独立性	48.25	22
2.3.1 规模以上工业企业技术引进经费占本地区规模以上工业企业 R&D 经费比重	3.06(4)	
2.3.2 规模以上工业企业消化吸收经费与技术引进经费比例	57.80(4)	
2.4 创新组织与活力	46.24	9
2.4.1 规模以上工业企业 R&D 项目数	4884(4)	
2.4.2 国家级企业技术中心数	23	
3.1 产业发展	36.63	32
3.1.1 高技术产品出口额占商品出口额比重	6.46	
3.1.2 规模以上工业企业科技活动新产品产值占规模以上工业企业总产值比重	14.84(4)	
3.1.3 第三产业产值占 GDP 比重	48.96	

3.2 居民生活	52.91	20
3.2.1 城镇居民失业率	2.90	
3.2.2 城镇居民人均可支配收入	32145	
3.3 经济效益	32.22	20
3.3.1 人均 GDP	82680	
3.4 可持续发展	89.75	12
3.4.1.1 单位 GDP 工业废水排放量(万吨/亿元)	1.53	
3.4.1.2 单位 GDP 工业二氧化硫排放量(吨/亿元)	9.94	
3.4.1.3 单位 GDP 工业烟(粉)尘排放量(吨/亿元)	3.60	
3.4.2 单位 GDP 综合能耗(吨标准煤/万元)	0.68	

泉州

	得分/数值	排名
城市创新指数	**29.58**	**33**
1. 创新资源	**16.24**	**48**
2. 创新过程	**22.57**	**25**
3. 创新产出	**49.92**	**24**
1.1 教育资源	19.57	52
1.1.1 每万人普通高校在校生数量	169.65	
1.1.2 每万人中等职业学校在校生数量	154.17	
1.1.3.1 普通高校师生比	0.05	
1.1.3.2 职业高中师生比	0.03	
1.1.4 教育经费支出占 GDP 比重	1.75	
1.2 技术人力资源	5.49	37
1.2.1 每万人规模以上工业企业 R&D 活动人员数	34.33	
1.2.2 R&D 折合全时人员(万人年)	1.57	
1.3 科技投资资源	17.76	46
1.3.1 R&D 经费占 GDP 比重	0.93	
1.3.2 地方财政科技拨款占地方财政支出比重	2.32	
1.3.3 规模以上工业企业 R&D 经费支出占规模以上主营业务收入比重	0.52	

1.4 基础设施资源	22.12	13
1.4.1.1 每百人平均拥有固定电话数	33.98	
1.4.1.2 每百人平均拥有移动电话数	144.36	
1.4.1.3 每百人平均国际互联网络用户数	23.08	
1.4.2 城镇居民人均住房使用面积	40.84	
1.4.3 每百人公共图书馆藏书	64.49	
2.1 知识创新	27.19	11
2.1.1.1 每十万人专利授权数	140.57	
2.1.1.2 每十万人发明专利授权数	6.00	
2.1.2 每亿元研究开发投入所取得的专利授权数	222.11	
2.2 技术商业化	0.21	46
2.2.1 技术市场成交额(亿元)	5.55	
2.3 技术独立性	49.76	15
2.3.1 规模以上工业企业技术引进经费占本地区规模以上工业企业 R&D 经费比重	2.17	
2.3.2 规模以上工业企业消化吸收经费与技术引进经费比例	58.70	
2.4 创新组织与活力	13.12	36
2.4.1 规模以上工业企业 R&D 项目数	1596	
2.4.2 国家级企业技术中心数	6	
3.1 产业发展	24.36	48
3.1.1 高技术产品出口额占商品出口额比重	17.34	
3.1.2 规模以上工业企业科技活动新产品产值占规模以上工业企业总产值比重	7.10	
3.1.3 第三产业产值占 GDP 比重	34.39	
3.2 居民生活	78.94	3
3.2.1 城镇居民失业率	1.20	
3.2.2 城镇居民人均可支配收入	32283	
3.3 经济效益	15.02	37
3.3.1 人均 GDP	57291	
3.4 可持续发展	81.37	31
3.4.1.1 单位 GDP 工业废水排放量(万吨/亿元)	4.34	

3.4.1.2 单位 GDP 工业二氧化硫排放量(吨/亿元)	21.28	
3.4.1.3 单位 GDP 工业烟(粉)尘排放量(吨/亿元)	11.06	
3.4.2 单位 GDP 综合能耗(吨标准煤/万元)	0.65	

厦门

	得分/数值	排名
城市创新指数	**33.74**	**19**
1. 创新资源	**36.71**	**7**
2. 创新过程	**10.32**	**53**
3. 创新产出	**54.18**	**16**
1.1 教育资源	42.10	16
1.1.1 每万人普通高校在校生数量	754.05	
1.1.2 每万人中等职业学校在校生数量	198.50	
1.1.3.1 普通高校师生比	0.06	
1.1.3.2 职业高中师生比	0.04	
1.1.4 教育经费支出占 GDP 比重	2.51	
1.2 技术人力资源	21.88	11
1.2.1 每万人规模以上工业企业 R&D 活动人员数	184.70	
1.2.2 R&D 折合全时人员(万人年)	3.44	
1.3 科技投资资源	51.70	11
1.3.1 R&D 经费占 GDP 比重	3.18	
1.3.2 地方财政科技拨款占地方财政支出比重	3.00	
1.3.3 规模以上工业企业 R&D 经费支出占规模以上主营业务收入比重	1.52	
1.4 基础设施资源	31.17	4
1.4.1.1 每百人平均拥有固定电话数	81.32	
1.4.1.2 每百人平均拥有移动电话数	307.13	
1.4.1.3 每百人平均国际互联网络用户数	67.57	
1.4.2 城镇居民人均住房使用面积	33.46	
1.4.3 每百人公共图书馆藏书	321.55	
2.1 知识创新	17.38	23
2.1.1.1 每十万人专利授权数	391.63	

2.1.1.2 每十万人发明专利授权数	48.14	
2.1.2 每亿元研究开发投入所取得的专利授权数	83.51	
2.2 技术商业化	1.51	21
2.2.1 技术市场成交额(亿元)	37.52	
2.3 技术独立性	0.00	54
2.3.1 规模以上工业企业技术引进经费占本地区规模以上工业企业 R&D 经费比重	30.71	
2.3.2 规模以上工业企业消化吸收经费与技术引进经费比例	1.79	
2.4 创新组织与活力	22.40	24
2.4.1 规模以上工业企业 R&D 项目数	2445	
2.4.2 国家级企业技术中心数	11	
3.1 产业发展	53.59	6
3.1.1 高技术产品出口额占商品出口额比重	9.64[(5)]	
3.1.2 规模以上工业企业科技活动新产品产值占规模以上工业企业总产值比重	27.59	
3.1.3 第三产业产值占 GDP 比重	50.33	
3.2 居民生活	54.55	18
3.2.1 城镇居民失业率	3.50	
3.2.2 城镇居民人均可支配收入	37576	
3.3 经济效益	28.64	24
3.3.1 人均 GDP	77392	
3.4 可持续发展	79.94	34
3.4.1.1 单位 GDP 工业废水排放量(万吨/亿元)	9.57	
3.4.1.2 单位 GDP 工业二氧化硫排放量(吨/亿元)	6.58	
3.4.1.3 单位 GDP 工业烟(粉)尘排放量(吨/亿元)	0.89	
3.4.2 单位 GDP 综合能耗(吨标准煤/万元)	0.49	

上海

	得分/数值	排名
城市创新指数	**48.05**	**3**

1. 创新资源	**43.32**	**4**
2. 创新过程	**41.09**	**5**
3. 创新产出	**59.74**	**8**
1.1 教育资源	39.87	19
1.1.1 每万人普通高校在校生数量	355.03	
1.1.2 每万人中等职业学校在校生数量	100.96	
1.1.3.1 普通高校师生比	0.08	
1.1.3.2 职业高中师生比	0.06	
1.1.4 教育经费支出占 GDP 比重	3.22	
1.2 技术人力资源	38.76	3
1.2.1 每万人规模以上工业企业 R&D 活动人员数	75.93	
1.2.2 R&D 折合全时人员(万人年)	15.59	
1.3 科技投资资源	63.67	4
1.3.1 R&D 经费占 GDP 比重	3.44	
1.3.2 地方财政科技拨款占地方财政支出比重	5.99	
1.3.3 规模以上工业企业 R&D 经费支出占规模以上主营业务收入比重	1.09	
1.4 基础设施资源	30.96	5
1.4.1.1 每百人平均拥有固定电话数	64.54	
1.4.1.2 每百人平均拥有移动电话数	210.82	
1.4.1.3 每百人平均国际互联网络用户数	43.94	
1.4.2 城镇居民人均住房使用面积	33.90	
1.4.3 每百人公共图书馆藏书	504.75	
2.1 知识创新	17.59	22
2.1.1.1 每十万人专利授权数	360.97	
2.1.1.2 每十万人发明专利授权数	79.74	
2.1.2 每亿元研究开发投入所取得的专利授权数	74.12	
2.2 技术商业化	21.09	2
2.2.1 技术市场成交额(亿元)	518.75	
2.3 技术独立性	26.87	51
2.3.1 规模以上工业企业技术引进经费占本地区规模以上工业企业 R&D 经费比重	15.70	

2.3.2 规模以上工业企业消化吸收经费与技术引进经费比例	46.16	
2.4 创新组织与活力	98.81	1
2.4.1 规模以上工业企业 R&D 项目数	12833	
2.4.2 国家级企业技术中心数	41	
3.1 产业发展	65.93	3
3.1.1 高技术产品出口额占商品出口额比重	43.84	
3.1.2 规模以上工业企业科技活动新产品产值占规模以上工业企业总产值比重	20.86	
3.1.3 第三产业产值占 GDP 比重	60.45	
3.2 居民生活	49.10	26
3.2.1 城镇居民失业率	4.20	
3.2.2 城镇居民人均可支配收入	40188	
3.3 经济效益	34.05	16
3.3.1 人均 GDP	85373	
3.4 可持续发展	89.86	10
3.4.1.1 单位 GDP 工业废水排放量(万吨/亿元)	2.36	
3.4.1.2 单位 GDP 工业二氧化硫排放量(吨/亿元)	11.90	
3.4.1.3 单位 GDP 工业烟(粉)尘排放量(吨/亿元)	4.32	
3.4.2 单位 GDP 综合能耗(吨标准煤/万元)	0.57	

绍兴

	得分/数值	排名
城市创新指数	**33.37**	**20**
1. 创新资源	**24.48**	**24**
2. 创新过程	**23.10**	**24**
3. 创新产出	**52.51**	**19**
1.1 教育资源	19.87	51
1.1.1 每万人普通高校在校生数量	135.57	
1.1.2 每万人中等职业学校在校生数量	146.15	
1.1.3.1 普通高校师生比	0.05	
1.1.3.2 职业高中师生比	0.04	

1.1.4 教育经费支出占 GDP 比重	1.84	
1.2 技术人力资源	9.79	26
1.2.1 每万人规模以上工业企业 R&D 活动人员数	64.77	
1.2.2 R&D 折合全时人员(万人年)	2.41	
1.3 科技投资资源	44.90	15
1.3.1 R&D 经费占 GDP 比重	2.01	
1.3.2 地方财政科技拨款占地方财政支出比重	4.76	
1.3.3 规模以上工业企业 R&D 经费支出占规模以上主营业务收入比重	0.89	
1.4 基础设施资源	23.37	11
1.4.1.1 每百人平均拥有固定电话数	44.25	
1.4.1.2 每百人平均拥有移动电话数	150.60	
1.4.1.3 每百人平均国际互联网络用户数	28.58	
1.4.2 城镇居民人均住房使用面积	40.70	
1.4.3 每百人公共图书馆藏书	66.49	
2.1 知识创新	23.60	15
2.1.1.1 每十万人专利授权数	280.40	
2.1.1.2 每十万人发明专利授权数	14.66	
2.1.2 每亿元研究开发投入所取得的专利授权数	168.39	
2.2 技术商业化	0.31	44
2.2.1 技术市场成交额(亿元)	8.09[(5)]	
2.3 技术独立性	49.63	16
2.3.1 规模以上工业企业技术引进经费占本地区规模以上工业企业 R&D 经费比重	2.11	
2.3.2 规模以上工业企业消化吸收经费与技术引进经费比例	53.90	
2.4 创新组织与活力	18.86	29
2.4.1 规模以上工业企业 R&D 项目数	2453	
2.4.2 国家级企业技术中心数	8	
3.1 产业发展	43.89	22
3.1.1 高技术产品出口额占商品出口额比重	3.91	
3.1.2 规模以上工业企业科技活动新产品产值占规模以上工业企业总产值比重	25.62	

3.1.3 第三产业产值占 GDP 比重	41.24	
3.2 居民生活	57.53	15
3.2.1 城镇居民失业率	2.91	
3.2.2 城镇居民人均可支配收入	34563	
3.3 经济效益	32.42	19
3.3.1 人均 GDP	82966	
3.4 可持续发展	76.21	37
3.4.1.1 单位 GDP 工业废水排放量(万吨/亿元)	8.32	
3.4.1.2 单位 GDP 工业二氧化硫排放量(吨/亿元)	16.22	
3.4.1.3 单位 GDP 工业烟(粉)尘排放量(吨/亿元)	4.29	
3.4.2 单位 GDP 综合能耗(吨标准煤/万元)	0.67	

沈阳

	得分/数值	排名
城市创新指数	**31.26**	**28**
1. 创新资源	**24.82**	**22**
2. 创新过程	**22.38**	**26**
3. 创新产出	**46.57**	**31**
1.1 教育资源	36.03	24
1.1.1 每万人普通高校在校生数量	509.51	
1.1.2 每万人中等职业学校在校生数量	152.40	
1.1.3.1 普通高校师生比	0.07	
1.1.3.2 职业高中师生比	0.06	
1.1.4 教育经费支出占 GDP 比重	1.81	
1.2 技术人力资源	12.79	17
1.2.1 每万人规模以上工业企业 R&D 活动人员数	70.88	
1.2.2 R&D 折合全时人员(万人年)	3.58	
1.3 科技投资资源	35.97	28
1.3.1 R&D 经费占 GDP 比重	2.14	
1.3.2 地方财政科技拨款占地方财政支出比重	3.80	

1.3.3 规模以上工业企业R&D经费支出占规模以上主营业务收入比重	0.67	
1.4 基础设施资源	14.47	32
1.4.1.1 每百人平均拥有固定电话数	38.80	
1.4.1.2 每百人平均拥有移动电话数	137.35	
1.4.1.3 每百人平均国际互联网络用户数	24.28	
1.4.2 城镇居民人均住房使用面积	29.40	
1.4.3 每百人公共图书馆藏书	179.32	
2.1 知识创新	7.40	43
2.1.1.1 每十万人专利授权数	93.42	
2.1.1.2 每十万人发明专利授权数	22.01	
2.1.2 每亿元研究开发投入所取得的专利授权数	47.88	
2.2 技术商业化	4.89	10
2.2.1 技术市场成交额(亿元)	120.67	
2.3 技术独立性	53.08	9
2.3.1 规模以上工业企业技术引进经费占本地区规模以上工业企业R&D经费比重	1.87(4)	
2.3.2 规模以上工业企业消化吸收经费与技术引进经费比例	117.83(4)	
2.4 创新组织与活力	24.13	22
2.4.1 规模以上工业企业R&D项目数	1973	
2.4.2 国家级企业技术中心数	14	
3.1 产业发展	31.26	37
3.1.1 高技术产品出口额占商品出口额比重	20.32	
3.1.2 规模以上工业企业科技活动新产品产值占规模以上工业企业总产值比重	7.44	
3.1.3 第三产业产值占GDP比重	43.99	
3.2 居民生活	40.11	35
3.2.1 城镇居民失业率	3.00	
3.2.2 城镇居民人均可支配收入	26431	
3.3 经济效益	30.73	21
3.3.1 人均GDP	80480	

3.4 可持续发展	84.18	25
3.4.1.1 单位 GDP 工业废水排放量(万吨/亿元)	1.17	
3.4.1.2 单位 GDP 工业二氧化硫排放量(吨/亿元)	14.65	
3.4.1.3 单位 GDP 工业烟(粉)尘排放量(吨/亿元)	8.06	
3.4.2 单位 GDP 综合能耗(吨标准煤/万元)	0.90(7)	

深圳

	得分/数值	排名
城市创新指数	**62.40**	**1**
1. 创新资源	**64.09**	**1**
2. 创新过程	**45.23**	**2**
3. 创新产出	**77.89**	**1**
1.1 教育资源	25.91	44
1.1.1 每万人普通高校在校生数量	262.40	
1.1.2 每万人中等职业学校在校生数量	111.50	
1.1.3.1 普通高校师生比	0.05	
1.1.3.2 职业高中师生比	0.06	
1.1.4 教育经费支出占 GDP 比重	1.90	
1.2 技术人力资源	90.96	1
1.2.1 每万人规模以上工业企业 R&D 活动人员数	612.60	
1.2.2 R&D 折合全时人员(万人年)	19.30	
1.3 科技投资资源	79.05	2
1.3.1 R&D 经费占 GDP 比重	3.77	
1.3.2 地方财政科技拨款占地方财政支出比重	5.05	
1.3.3 规模以上工业企业 R&D 经费支出占规模以上主营业务收入比重	2.20	
1.4 基础设施资源	60.46	2
1.4.1.1 每百人平均拥有固定电话数	191.41	
1.4.1.2 每百人平均拥有移动电话数	892.57	
1.4.1.3 每百人平均国际互联网络用户数	105.56	
1.4.2 城镇居民人均住房使用面积	29.60	
1.4.3 每百人公共图书馆藏书	937.24	

2.1 知识创新	60.87	3
2.1.1.1 每十万人专利授权数	1689.65	
2.1.1.2 每十万人发明专利授权数	453.75	
2.1.2 每亿元研究开发投入所取得的专利授权数	98.63	
2.2 技术商业化	6.21	6
2.2.1 技术市场成交额(亿元)	153.05	
2.3 技术独立性	49.13	19
2.3.1 规模以上工业企业技术引进经费占本地区规模以上工业企业 R&D 经费比重	1.05	
2.3.2 规模以上工业企业消化吸收经费与技术引进经费比例	7.19	
2.4 创新组织与活力	64.70	4
2.4.1 规模以上工业企业 R&D 项目数	11419	
2.4.2 国家级企业技术中心数	17	
3.1 产业发展	76.46	1
3.1.1 高技术产品出口额占商品出口额比重	52.04	
3.1.2 规模以上工业企业科技活动新产品产值占规模以上工业企业总产值比重	29.13	
3.1.3 第三产业产值占 GDP 比重	55.64	
3.2 居民生活	77.47	5
3.2.1 城镇居民失业率	2.40	
3.2.2 城镇居民人均可支配收入	40742	
3.3 经济效益	59.72	4
3.3.1 人均 GDP	123247	
3.4 可持续发展	97.91	2
3.4.1.1 单位 GDP 工业废水排放量(万吨/亿元)	0.92	
3.4.1.2 单位 GDP 工业二氧化硫排放量(吨/亿元)	0.76	
3.4.1.3 单位 GDP 工业烟(粉)尘排放量(吨/亿元)	0.06	
3.4.2 单位 GDP 综合能耗(吨标准煤/万元)	0.45	

石家庄

	得分/数值	排名
城市创新指数	**22.58**	**50**
1. 创新资源	**17.17**	**45**
2. 创新过程	**18.89**	**37**
3. 创新产出	**31.69**	**50**
1.1 教育资源	35.73	25
1.1.1 每万人普通高校在校生数量	393.44	
1.1.2 每万人中等职业学校在校生数量	214.00	
1.1.3.1 普通高校师生比	0.06	
1.1.3.2 职业高中师生比	0.05	
1.1.4 教育经费支出占 GDP 比重	2.43	
1.2 技术人力资源	4.11	41
1.2.1 每万人规模以上工业企业 R&D 活动人员数	22.67	
1.2.2 R&D 折合全时人员(万人年)	1.37	
1.3 科技投资资源	19.30	41
1.3.1 R&D 经费占 GDP 比重	1.42	
1.3.2 地方财政科技拨款占地方财政支出比重	1.94	
1.3.3 规模以上工业企业 R&D 经费支出占规模以上主营业务收入比重	0.58	
1.4 基础设施资源	9.56	45
1.4.1.1 每百人平均拥有固定电话数	18.01	
1.4.1.2 每百人平均拥有移动电话数	89.01	
1.4.1.3 每百人平均国际互联网络用户数	18.50	
1.4.2 城镇居民人均住房使用面积	29.92	
1.4.3 每百人公共图书馆藏书	57.35	
2.1 知识创新	6.24	45
2.1.1.1 每十万人专利授权数	34.29	
2.1.1.2 每十万人发明专利授权数	4.10	
2.1.2 每亿元研究开发投入所取得的专利授权数	54.03	
2.2 技术商业化	0.36	42

2.2.1 技术市场成交额(亿元)	9.23[5]	
2.3 技术独立性	51.79	10
2.3.1 规模以上工业企业技术引进经费占本地区规模以上工业企业 R&D 经费比重	2.25	
2.3.2 规模以上工业企业消化吸收经费与技术引进经费比例	104.00	
2.4 创新组织与活力	17.17	33
2.4.1 规模以上工业企业 R&D 项目数	2629	
2.4.2 国家级企业技术中心数	6	
3.1 产业发展	38.12	29
3.1.1 高技术产品出口额占商品出口额比重	5.18	
3.1.2 规模以上工业企业科技活动新产品产值占规模以上工业企业总产值比重	20.70	
3.1.3 第三产业产值占 GDP 比重	40.16	
3.2 居民生活	21.89	47
3.2.1 城镇居民失业率	3.76	
3.2.2 城镇居民人均可支配收入	23038	
3.3 经济效益	5.71	47
3.3.1 人均 GDP	43552	
3.4 可持续发展	61.04	47
3.4.1.1 单位 GDP 工业废水排放量(万吨/亿元)	6.90	
3.4.1.2 单位 GDP 工业二氧化硫排放量(吨/亿元)	39.99	
3.4.1.3 单位 GDP 工业烟(粉)尘排放量(吨/亿元)	21.86	
3.4.2 单位 GDP 综合能耗(吨标准煤/万元)	1.14[7]	

苏州

	得分/数值	排名
城市创新指数	**47.85**	**4**
1. 创新资源	**37.59**	**6**
2. 创新过程	**42.16**	**3**
3. 创新产出	**63.81**	**5**

指标	值	排名
1.1 教育资源	27.46	42
1.1.1 每万人普通高校在校生数量	296.71	
1.1.2 每万人中等职业学校在校生数量	118.42	
1.1.3.1 普通高校师生比	0.05	
1.1.3.2 职业高中师生比	0.07	
1.1.4 教育经费支出占 GDP 比重	1.50	
1.2 技术人力资源	38.16	4
1.2.1 每万人规模以上工业企业 R&D 活动人员数	196.49	
1.2.2 R&D 折合全时人员(万人年)	10.63	
1.3 科技投资资源	58.56	5
1.3.1 R&D 经费占 GDP 比重	2.78	
1.3.2 地方财政科技拨款占地方财政支出比重	6.03	
1.3.3 规模以上工业企业 R&D 经费支出占规模以上主营业务收入比重	1.00	
1.4 基础设施资源	26.19	8
1.4.1.1 每百人平均拥有固定电话数	51.00	
1.4.1.2 每百人平均拥有移动电话数	239.51	
1.4.1.3 每百人平均国际互联网络用户数	38.90	
1.4.2 城镇居民人均住房建筑面积	36.10	
1.4.3 每百人公共图书馆藏书	256.70	
2.1 知识创新	61.77	2
2.1.1.1 每十万人专利授权数	1519.45	
2.1.1.2 每十万人发明专利授权数	66.52	
2.1.2 每亿元研究开发投入所取得的专利授权数	315.17	
2.2 技术商业化	4.17	11
2.2.1 技术市场成交额(亿元)	102.89(5)	
2.3 技术独立性	41.79	40
2.3.1 规模以上工业企业技术引进经费占本地区规模以上工业企业 R&D 经费比重	6.27	
2.3.2 规模以上工业企业消化吸收经费与技术引进经费比例	26.98	
2.4 创新组织与活力	61.21	5
2.4.1 规模以上工业企业 R&D 项目数	10832	

2.4.2 国家级企业技术中心数	16	
3.1 产业发展	50.74	11
3.1.1 高技术产品出口额占商品出口额比重	57.03	
3.1.2 规模以上工业企业科技活动新产品产值占规模以上工业企业总产值比重	10.53	
3.1.3 第三产业产值占 GDP 比重	44.24	
3.2 居民生活	69.64	7
3.2.1 城镇居民失业率	2.70	
3.2.2 城镇居民人均可支配收入	39079	
3.3 经济效益	53.47	6
3.3.1 人均 GDP	114029	
3.4 可持续发展	81.38	30
3.4.1.1 单位 GDP 工业废水排放量(万吨/亿元)	5.89	
3.4.1.2 单位 GDP 工业二氧化硫排放量(吨/亿元)	15.27	
3.4.1.3 单位 GDP 工业烟(粉)尘排放量(吨/亿元)	4.53	
3.4.2 单位 GDP 综合能耗(吨标准煤/万元)	0.64	

太原

	得分/数值	排名
城市创新指数	**28.44**	**34**
1. 创新资源	**34.39**	**11**
2. 创新过程	**16.34**	**44**
3. 创新产出	**34.59**	**49**
1.1 教育资源	58.43	1
1.1.1 每万人普通高校在校生数量	979.12	
1.1.2 每万人中等职业学校在校生数量	485.48	
1.1.3.1 普通高校师生比	0.06	
1.1.3.2 职业高中师生比	0.04	
1.1.4 教育经费支出占 GDP 比重	2.38	
1.2 技术人力资源	6.21	35
1.2.1 每万人规模以上工业企业 R&D 活动人员数	45.02	

1.2.2 R&D 折合全时人员（万人年）	1.49[5]	
1.3 科技投资资源	57.87	7
1.3.1 R&D 经费占 GDP 比重	3.03	
1.3.2 地方财政科技拨款占地方财政支出比重	4.09	
1.3.3 规模以上工业企业 R&D 经费支出占规模以上主营业务收入比重	1.55	
1.4 基础设施资源	15.06	27
1.4.1.1 每百人平均拥有固定电话数	40.34	
1.4.1.2 每百人平均拥有移动电话数	196.26	
1.4.1.3 每百人平均国际互联网络用户数	33.62	
1.4.2 城镇居民人均住房建筑面积	29.00	
1.4.3 每百人公共图书馆藏书	140.09	
2.1 知识创新	9.54	35
2.1.1.1 每十万人专利授权数	109.50	
2.1.1.2 每十万人发明专利授权数	36.90	
2.1.2 每亿元研究开发投入所取得的专利授权数	57.23	
2.2 技术商业化	0.49	39
2.2.1 技术市场成交额（亿元）	12.30	
2.3 技术独立性	43.02	37
2.3.1 规模以上工业企业技术引进经费占本地区规模以上工业企业 R&D 经费比重	5.68[4]	
2.3.2 规模以上工业企业消化吸收经费与技术引进经费比例	38.83	
2.4 创新组织与活力	12.32	38
2.4.1 规模以上工业企业 R&D 项目数	783	
2.4.2 国家级企业技术中心数	8	
3.1 产业发展	62.30	4
3.1.1 高技术产品出口额占商品出口额比重	41.72	
3.1.2 规模以上工业企业科技活动新产品产值占规模以上工业企业总产值比重	21.70[4]	
3.1.3 第三产业产值占 GDP 比重	53.64	
3.2 居民生活	26.75	45
3.2.1 城镇居民失业率	3.38	

3.2.2 城镇居民人均可支配收入	22587	
3.3 经济效益	13.09	40
3.3.1 人均 GDP	54440	
3.4 可持续发展	36.23	53
3.4.1.1 单位 GDP 工业废水排放量(万吨/亿元)	1.37	
3.4.1.2 单位 GDP 工业二氧化硫排放量(吨/亿元)	44.03	
3.4.1.3 单位 GDP 工业烟(粉)尘排放量(吨/亿元)	18.21	
3.4.2 单位 GDP 综合能耗(吨标准煤/万元)	2.91	

台州

	得分/数值	排名
城市创新指数	**31.24**	**29**
1. 创新资源	**24.00**	**26**
2. 创新过程	**24.87**	**15**
3. 创新产出	**44.87**	**34**
1.1 教育资源	24.21	47
1.1.1 每万人普通高校在校生数量	52.68	
1.1.2 每万人中等职业学校在校生数量	140.32	
1.1.3.1 普通高校师生比	0.05	
1.1.3.2 职业高中师生比	0.05	
1.1.4 教育经费支出占 GDP 比重	2.54	
1.2 技术人力资源	7.93	32
1.2.1 每万人规模以上工业企业 R&D 活动人员数	46.54	
1.2.2 R&D 折合全时人员(万人年)	2.24	
1.3 科技投资资源	39.59	25
1.3.1 R&D 经费占 GDP 比重	1.60	
1.3.2 地方财政科技拨款占地方财政支出比重	3.51	
1.3.3 规模以上工业企业 R&D 经费支出占规模以上主营业务收入比重	1.15	
1.4 基础设施资源	24.25	10
1.4.1.1 每百人平均拥有固定电话数	27.93	

1.4.1.2 每百人平均拥有移动电话数	132.49	
1.4.1.3 每百人平均国际互联网络用户数	21.49	
1.4.2 城镇居民人均住房建筑面积	44.20	
1.4.3 每百人公共图书馆藏书	52.19	
2.1 知识创新	33.11	8
2.1.1.1 每十万人专利授权数	206.13	
2.1.1.2 每十万人发明专利授权数	13.42	
2.1.2 每亿元研究开发投入所取得的专利授权数	261.71	
2.2 技术商业化	0.10	48
2.2.1 技术市场成交额(亿元)	2.72	
2.3 技术独立性	44.22	34
2.3.1 规模以上工业企业技术引进经费占本地区规模以上工业企业 R&D 经费比重	5.64	
2.3.2 规模以上工业企业消化吸收经费与技术引进经费比例	62.56	
2.4 创新组织与活力	22.06	25
2.4.1 规模以上工业企业 R&D 项目数	4181	
2.4.2 国家级企业技术中心数	5	
3.1 产业发展	45.28	19
3.1.1 高技术产品出口额占商品出口额比重	5.82	
3.1.2 规模以上工业企业科技活动新产品产值占规模以上工业企业总产值比重	24.66	
3.1.3 第三产业产值占 GDP 比重	44.34	
3.2 居民生活	52.20	21
3.2.1 城镇居民失业率	3.44	
3.2.2 城镇居民人均可支配收入	35926	
3.3 经济效益	9.06	42
3.3.1 人均 GDP	48505	
3.4 可持续发展	72.94	42
3.4.1.1 单位 GDP 工业废水排放量(万吨/亿元)	2.11	
3.4.1.2 单位 GDP 工业二氧化硫排放量(吨/亿元)	15.19	
3.4.1.3 单位 GDP 工业烟(粉)尘排放量(吨/亿元)	4.47	

3.4.2 单位 GDP 综合能耗(吨标准煤/万元)	1.42	

唐山

	得分/数值	排名
城市创新指数	**18.82**	**53**
1. 创新资源	**11.57**	**54**
2. 创新过程	**17.27**	**40**
3. 创新产出	**27.64**	**52**
1.1 教育资源	19.30	53
1.1.1 每万人普通高校在校生数量	169.22	
1.1.2 每万人中等职业学校在校生数量	142.20	
1.1.3.1 普通高校师生比	0.05	
1.1.3.2 职业高中师生比	0.04	
1.1.4 教育经费支出占 GDP 比重	1.66	
1.2 技术人力资源	3.85	43
1.2.1 每万人规模以上工业企业 R&D 活动人员数	22.72	
1.2.2 R&D 折合全时人员(万人年)	1.25	
1.3 科技投资资源	17.87	45
1.3.1 R&D 经费占 GDP 比重	0.99	
1.3.2 地方财政科技拨款占地方财政支出比重	2.16	
1.3.3 规模以上工业企业 R&D 经费支出占规模以上主营业务收入比重	0.56	
1.4 基础设施资源	5.25	53
1.4.1.1 每百人平均拥有固定电话数	22.05	
1.4.1.2 每百人平均拥有移动电话数	114.29	
1.4.1.3 每百人平均国际互联网络用户数	16.58	
1.4.2 城镇居民人均住房建筑面积	25.60	
1.4.3 每百人公共图书馆藏书	29.39	
2.1 知识创新	3.37	51
2.1.1.1 每十万人专利授权数	24.25	
2.1.1.2 每十万人发明专利授权数	2.80	
2.1.2 每亿元研究开发投入所取得的专利授权数	30.91	

2.2 技术商业化	1.34	24
2.2.1 技术市场成交额(亿元)	33.39	
2.3 技术独立性	54.50	7
2.3.1 规模以上工业企业技术引进经费占本地区规模以上工业企业 R&D 经费比重	0.95	
2.3.2 规模以上工业企业消化吸收经费与技术引进经费比例	115.86	
2.4 创新组织与活力	9.87	42
2.4.1 规模以上工业企业 R&D 项目数	1068	
2.4.2 国家级企业技术中心数	5	
3.1 产业发展	20.26	51
3.1.1 高技术产品出口额占商品出口额比重	16.02[5]	
3.1.2 规模以上工业企业科技活动新产品产值占规模以上工业企业总产值比重	5.32	
3.1.3 第三产业产值占 GDP 比重	31.72	
3.2 居民生活	20.86	50
3.2.1 城镇居民失业率	4.00	
3.2.2 城镇居民人均可支配收入	24358	
3.3 经济效益	28.13	25
3.3.1 人均 GDP	76643	
3.4 可持续发展	41.29	52
3.4.1.1 单位 GDP 工业废水排放量(万吨/亿元)	3.31	
3.4.1.2 单位 GDP 工业二氧化硫排放量(吨/亿元)	53.41	
3.4.1.3 单位 GDP 工业烟(粉)尘排放量(吨/亿元)	69.93	
3.4.2 单位 GDP 综合能耗(吨标准煤/万元)	1.78	

天津

	得分/数值	排名
城市创新指数	**43.31**	**6**
1. 创新资源	**31.34**	**14**
2. 创新过程	**39.79**	**6**

3. 创新产出	**58.81**	**9**
1.1 教育资源	42.16	15
1.1.1 每万人普通高校在校生数量	476.35	
1.1.2 每万人中等职业学校在校生数量	119.28	
1.1.3.1 普通高校师生比	0.06	
1.1.3.2 职业高中师生比	0.07	
1.1.4 教育经费支出占 GDP 比重	2.94	
1.2 技术人力资源	25.12	7
1.2.1 每万人规模以上工业企业 R&D 活动人员数	81.53	
1.2.2 R&D 折合全时人员(万人年)	8.96	
1.3 科技投资资源	46.87	13
1.3.1 R&D 经费占 GDP 比重	2.92	
1.3.2 地方财政科技拨款占地方财政支出比重	3.70	
1.3.3 规模以上工业企业 R&D 经费支出占规模以上主营业务收入比重	1.08	
1.4 基础设施资源	11.19	42
1.4.1.1 每百人平均拥有固定电话数	35.66	
1.4.1.2 每百人平均拥有移动电话数	131.23	
1.4.1.3 每百人平均国际互联网络用户数	21.55	
1.4.2 城镇居民人均住房建筑面积	27.28	
1.4.3 每百人公共图书馆藏书	147.93	
2.1 知识创新	10.23	33
2.1.1.1 每十万人专利授权数	201.40	
2.1.1.2 每十万人发明专利授权数	33.00	
2.1.2 每亿元研究开发投入所取得的专利授权数	53.20	
2.2 技术商业化	9.44	4
2.2.1 技术市场成交额(亿元)	232.33	
2.3 技术独立性	46.07	28
2.3.1 规模以上工业企业技术引进经费占本地区规模以上工业企业 R&D 经费比重	4.52	
2.3.2 规模以上工业企业消化吸收经费与技术引进经费比例	62.62	

2.4 创新组织与活力	93.41	2
2.4.1 规模以上工业企业 R&D 项目数	12062	
2.4.2 国家级企业技术中心数	39	
3.1 产业发展	70.80	2
3.1.1 高技术产品出口额占商品出口额比重	39.28	
3.1.2 规模以上工业企业科技活动新产品产值占规模以上工业企业总产值比重	19.23	
3.1.3 第三产业产值占 GDP 比重	76.46	
3.2 居民生活	37.33	39
3.2.1 城镇居民失业率	3.60	
3.2.2 城镇居民人均可支配收入	29626	
3.3 经济效益	39.34	9
3.3.1 人均 GDP	93173	
3.4 可持续发展	87.16	17
3.4.1.1 单位 GDP 工业废水排放量(万吨/亿元)	1.48	
3.4.1.2 单位 GDP 工业二氧化硫排放量(吨/亿元)	16.71	
3.4.1.3 单位 GDP 工业烟(粉)尘排放量(吨/亿元)	4.58	
3.4.2 单位 GDP 综合能耗(吨标准煤/万元)	0.71	

潍坊

	得分/数值	排名
城市创新指数	**25.54**	**43**
1. 创新资源	**21.90**	**31**
2. 创新过程	**19.80**	**34**
3. 创新产出	**34.93**	**48**
1.1 教育资源	28.04	41
1.1.1 每万人普通高校在校生数量	136.63	
1.1.2 每万人中等职业学校在校生数量	199.86	
1.1.3.1 普通高校师生比	0.06	
1.1.3.2 职业高中师生比	0.03	
1.1.4 教育经费支出占 GDP 比重	2.86	

1.2 技术人力资源	7.99	31
1.2.1 每万人规模以上工业企业 R&D 活动人员数	38.78	
1.2.2 R&D 折合全时人员(万人年)	2.57	
1.3 科技投资资源	33.99	29
1.3.1 R&D 经费占 GDP 比重	2.21	
1.3.2 地方财政科技拨款占地方财政支出比重	3.01	
1.3.3 规模以上工业企业 R&D 经费支出占规模以上主营业务收入比重	0.80	
1.4 基础设施资源	17.57	23
1.4.1.1 每百人平均拥有固定电话数	19.97	
1.4.1.2 每百人平均拥有移动电话数	105.36	
1.4.1.3 每百人平均国际互联网络用户数	50.18	
1.4.2 城镇居民人均住房建筑面积	35.00	
1.4.3 每百人公共图书馆藏书	34.29	
2.1 知识创新	9.02	37
2.1.1.1 每十万人专利授权数	84.04	
2.1.1.2 每十万人发明专利授权数	4.55	
2.1.2 每亿元研究开发投入所取得的专利授权数	71.60	
2.2 技术商业化	0.47	40
2.2.1 技术市场成交额(亿元)	12.00(5)	
2.3 技术独立性	48.25	24
2.3.1 规模以上工业企业技术引进经费占本地区规模以上工业企业 R&D 经费比重	3.06(4)	
2.3.2 规模以上工业企业消化吸收经费与技术引进经费比例	57.80(4)	
2.4 创新组织与活力	21.44	26
2.4.1 规模以上工业企业 R&D 项目数	2808(4)	
2.4.2 国家级企业技术中心数	9	
3.1 产业发展	27.90	43
3.1.1 高技术产品出口额占商品出口额比重	11.28(5)	
3.1.2 规模以上工业企业科技活动新产品产值占规模以上工业企业总产值比重	11.50(4)	
3.1.3 第三产业产值占 GDP 比重	36.28	

3.2 居民生活	37.38	38
3.2.1 城镇居民失业率	3.10	
3.2.2 城镇居民人均可支配收入	25817	
3.3 经济效益	5.79	46
3.3.1 人均 GDP	43681	
3.4 可持续发展	68.64	44
3.4.1.1 单位 GDP 工业废水排放量(万吨/亿元)	7.03	
3.4.1.2 单位 GDP 工业二氧化硫排放量(吨/亿元)	31.63	
3.4.1.3 单位 GDP 工业烟(粉)尘排放量(吨/亿元)	9.16	
3.4.2 单位 GDP 综合能耗(吨标准煤/万元)	0.91	

温州

	得分/数值	排名
城市创新指数	**34.69**	**17**
1. 创新资源	**22.82**	**28**
2. 创新过程	**29.42**	**11**
3. 创新产出	**51.83**	**21**
1.1 教育资源	29.17	38
1.1.1 每万人普通高校在校生数量	95.66	
1.1.2 每万人中等职业学校在校生数量	89.37	
1.1.3.1 普通高校师生比	0.06	
1.1.3.2 职业高中师生比	0.06	
1.1.4 教育经费支出占 GDP 比重	2.82	
1.2 技术人力资源	7.80	33
1.2.1 每万人规模以上工业企业 R&D 活动人员数	37.51	
1.2.2 R&D 折合全时人员(万人年)	2.53	
1.3 科技投资资源	31.02	31
1.3.1 R&D 经费占 GDP 比重	1.24	
1.3.2 地方财政科技拨款占地方财政支出比重	2.72	
1.3.3 规模以上工业企业 R&D 经费支出占规模以上主营业务收入比重	1.05	

1.4 基础设施资源	23.28	12
1.4.1.1 每百人平均拥有固定电话数	31.80	
1.4.1.2 每百人平均拥有移动电话数	138.77	
1.4.1.3 每百人平均国际互联网络用户数	25.24	
1.4.2 城镇居民人均住房建筑面积	41.25	
1.4.3 每百人公共图书馆藏书	96.74	
2.1 知识创新	50.07	4
2.1.1.1 每十万人专利授权数	215.78	
2.1.1.2 每十万人发明专利授权数	9.06	
2.1.2 每亿元研究开发投入所取得的专利授权数	410.52	
2.2 技术商业化	0.19	47
2.2.1 技术市场成交额(亿元)	5.01(5)	
2.3 技术独立性	49.56	18
2.3.1 规模以上工业企业技术引进经费占本地区规模以上工业企业 R&D 经费比重	1.71	
2.3.2 规模以上工业企业消化吸收经费与技术引进经费比例	38.89	
2.4 创新组织与活力	17.85	32
2.4.1 规模以上工业企业 R&D 项目数	3107	
2.4.2 国家级企业技术中心数	5	
3.1 产业发展	33.89	34
3.1.1 高技术产品出口额占商品出口额比重	3.54	
3.1.2 规模以上工业企业科技活动新产品产值占规模以上工业企业总产值比重	14.76	
3.1.3 第三产业产值占 GDP 比重	46.39	
3.2 居民生活	78.09	4
3.2.1 城镇居民失业率	2.08	
3.2.2 城镇居民人均可支配收入	38601	
3.3 经济效益	3.37	49
3.3.1 人均 GDP	40103	
3.4 可持续发展	91.96	8
3.4.1.1 单位 GDP 工业废水排放量(万吨/亿元)	2.16	

3.4.1.2 单位 GDP 工业二氧化硫排放量(吨/亿元)	10.00	
3.4.1.3 单位 GDP 工业烟(粉)尘排放量(吨/亿元)	5.22	
3.4.2 单位 GDP 综合能耗(吨标准煤/万元)	0.49	

武汉

	得分/数值	排名
城市创新指数	**37.26**	**12**
1. 创新资源	**37.74**	**5**
2. 创新过程	**24.02**	**18**
3. 创新产出	**50.01**	**23**
1.1 教育资源	45.22	13
1.1.1 每万人普通高校在校生数量	1152.50	
1.1.2 每万人中等职业学校在校生数量	161.00	
1.1.3.1 普通高校师生比	0.06	
1.1.3.2 职业高中师生比	0.05	
1.1.4 教育经费支出占 GDP 比重	1.67	
1.2 技术人力资源	12.69	18
1.2.1 每万人规模以上工业企业 R&D 活动人员数	56.19	
1.2.2 R&D 折合全时人员(万人年)	4.10[(5)]	
1.3 科技投资资源	43.21	20
1.3.1 R&D 经费占 GDP 比重	2.66	
1.3.2 地方财政科技拨款占地方财政支出比重	2.66	
1.3.3 规模以上工业企业 R&D 经费支出占规模以上主营业务收入比重	1.31	
1.4 基础设施资源	49.85	3
1.4.1.1 每百人平均拥有固定电话数	35.90	
1.4.1.2 每百人平均拥有移动电话数	193.86	
1.4.1.3 每百人平均国际互联网络用户数	40.16	
1.4.2 城镇居民人均住房建筑面积	33.50	
1.4.3 每百人公共图书馆藏书	1438.59	
2.1 知识创新	11.35	31
2.1.1.1 每十万人专利授权数	166.70	

2.1.1.2 每十万人发明专利授权数	39.58	
2.1.2 每亿元研究开发投入所取得的专利授权数	64.34	
2.2 技术商业化	5.37	8
2.2.1 技术市场成交额(亿元)	132.40	
2.3 技术独立性	41.80	39
2.3.1 规模以上工业企业技术引进经费占本地区规模以上工业企业 R&D 经费比重	6.08(4)	
2.3.2 规模以上工业企业消化吸收经费与技术引进经费比例	27.13(4)	
2.4 创新组织与活力	37.57	13
2.4.1 规模以上工业企业 R&D 项目数	3886(4)	
2.4.2 国家级企业技术中心数	19	
3.1 产业发展	55.36	5
3.1.1 高技术产品出口额占商品出口额比重	37.23	
3.1.2 规模以上工业企业科技活动新产品产值占规模以上工业企业总产值比重	20.09(4)	
3.1.3 第三产业产值占 GDP 比重	47.89	
3.2 居民生活	29.23	42
3.2.1 城镇居民失业率	3.80	
3.2.2 城镇居民人均可支配收入	27061	
3.3 经济效益	30.06	22
3.3.1 人均 GDP	79482	
3.4 可持续发展	85.39	22
3.4.1.1 单位 GDP 工业废水排放量(万吨/亿元)	2.59	
3.4.1.2 单位 GDP 工业二氧化硫排放量(吨/亿元)	12.50	
3.4.1.3 单位 GDP 工业烟(粉)尘排放量(吨/亿元)	2.56	
3.4.2 单位 GDP 综合能耗(吨标准煤/万元)	0.79	

乌鲁木齐

	得分/数值	排名
城市创新指数	**22.34**	**51**
1. 创新资源	**16.02**	**49**
2. 创新过程	**20.26**	**32**
3. 创新产出	**30.75**	**51**
1.1 教育资源	44.45	14
1.1.1 每万人普通高校在校生数量	527.36	
1.1.2 每万人中等职业学校在校生数量	342.16	
1.1.3.1 普通高校师生比	0.07	
1.1.3.2 职业高中师生比	0.04	
1.1.4 教育经费支出占 GDP 比重	2.48	
1.2 技术人力资源	0.20	53
1.2.1 每万人规模以上工业企业 R&D 活动人员数	7.56(4)	
1.2.2 R&D 折合全时人员(万人年)	0.12	
1.3 科技投资资源	6.77	53
1.3.1 R&D 经费占 GDP 比重	0.52(2)	
1.3.2 地方财政科技拨款占地方财政支出比重	1.58	
1.3.3 规模以上工业企业 R&D 经费支出占规模以上主营业务收入比重	0.27	
1.4 基础设施资源	12.68	36
1.4.1.1 每百人平均拥有固定电话数	53.61	
1.4.1.2 每百人平均拥有移动电话数	178.36	
1.4.1.3 每百人平均国际互联网络用户数	29.09	
1.4.2 城镇居民人均住房建筑面积	26.80	
1.4.3 每百人公共图书馆藏书	120.67	
2.1 知识创新	18.57	18
2.1.1.1 每十万人专利授权数	62.30	
2.1.1.2 每十万人发明专利授权数	10.70	
2.1.2 每亿元研究开发投入所取得的专利授权数	154.82(2)	
2.2 技术商业化	0.03	52

2.2.1 技术市场成交额(亿元)	1.01[5]	
2.3 技术独立性	54.93	5
2.3.1 规模以上工业企业技术引进经费占本地区规模以上工业企业R&D经费比重	3.97	
2.3.2 规模以上工业企业消化吸收经费与技术引进经费比例	228.71	
2.4 创新组织与活力	7.50	46
2.4.1 规模以上工业企业R&D项目数	159	
2.4.2 国家级企业技术中心数	6	
3.1 产业发展	31.75	36
3.1.1 高技术产品出口额占商品出口额比重	0.49[5]	
3.1.2 规模以上工业企业科技活动新产品产值占规模以上工业企业总产值比重	8.90	
3.1.3 第三产业产值占GDP比重	57.39	
3.2 居民生活	16.94	52
3.2.1 城镇居民失业率	3.48	
3.2.2 城镇居民人均可支配收入	18385	
3.3 经济效益	16.61	31
3.3.1 人均GDP	59645	
3.4 可持续发展	57.69	50
3.4.1.1 单位GDP工业废水排放量(万吨/亿元)	2.87	
3.4.1.2 单位GDP工业二氧化硫排放量(吨/亿元)	54.79	
3.4.1.3 单位GDP工业烟(粉)尘排放量(吨/亿元)	25.50	
3.4.2 单位GDP综合能耗(吨标准煤/万元)	1.50[7]	

无锡

	得分/数值	排名
城市创新指数	**44.54**	**5**
1. 创新资源	**35.82**	**9**
2. 创新过程	**32.52**	**8**
3. 创新产出	**65.28**	**4**

1.1 教育资源	29.94	36
1.1.1 每万人普通高校在校生数量	232.64	
1.1.2 每万人中等职业学校在校生数量	156.66	
1.1.3.1 普通高校师生比	0.05	
1.1.3.2 职业高中师生比	0.08	
1.1.4 教育经费支出占 GDP 比重	1.53	
1.2 技术人力资源	26.75	6
1.2.1 每万人规模以上工业企业 R&D 活动人员数	163.41	
1.2.2 R&D 折合全时人员(万人年)	6.55	
1.3 科技投资资源	65.28	3
1.3.1 R&D 经费占 GDP 比重	2.88	
1.3.2 地方财政科技拨款占地方财政支出比重	5.71	
1.3.3 规模以上工业企业 R&D 经费支出占规模以上主营业务收入比重	1.46	
1.4 基础设施资源	21.32	15
1.4.1.1 每百人平均拥有固定电话数	44.69	
1.4.1.2 每百人平均拥有移动电话数	191.90	
1.4.1.3 每百人平均国际互联网络用户数	29.99	
1.4.2 城镇居民人均住房建筑面积	36.40	
1.4.3 每百人公共图书馆藏书	120.26	
2.1 知识创新	45.64	6
2.1.1.1 每十万人专利授权数	1094.28	
2.1.1.2 每十万人发明专利授权数	53.44	
2.1.2 每亿元研究开发投入所取得的专利授权数	236.09	
2.2 技术商业化	2.71	14
2.2.1 技术市场成交额(亿元)	67.02[5]	
2.3 技术独立性	48.55	21
2.3.1 规模以上工业企业技术引进经费占本地区规模以上工业企业 R&D 经费比重	1.79	
2.3.2 规模以上工业企业消化吸收经费与技术引进经费比例	20.22	
2.4 创新组织与活力	33.17	16
2.4.1 规模以上工业企业 R&D 项目数	7624	

2.4.2 国家级企业技术中心数	3	
3.1 产业发展	49.34	14
3.1.1 高技术产品出口额占商品出口额比重	53.24	
3.1.2 规模以上工业企业科技活动新产品产值占规模以上工业企业总产值比重	10.30	
3.1.3 第三产业产值占 GDP 比重	45.17	
3.2 居民生活	67.43	10
3.2.1 城镇居民失业率	2.40	
3.2.2 城镇居民人均可支配收入	35663	
3.3 经济效益	55.73	5
3.3.1 人均 GDP	117357	
3.4 可持续发展	88.62	14
3.4.1.1 单位 GDP 工业废水排放量(万吨/亿元)	3.04	
3.4.1.2 单位 GDP 工业二氧化硫排放量(吨/亿元)	11.47	
3.4.1.3 单位 GDP 工业烟(粉)尘排放量(吨/亿元)	6.36	
3.4.2 单位 GDP 综合能耗(吨标准煤/万元)	0.55	

西安

	得分/数值	排名
城市创新指数	**31.36**	**27**
1. 创新资源	**21.23**	**34**
2. 创新过程	**31.24**	**10**
3. 创新产出	**41.60**	**38**
1.1 教育资源	53.76	4
1.1.1 每万人普通高校在校生数量	909.52	
1.1.2 每万人中等职业学校在校生数量	353.99	
1.1.3.1 普通高校师生比	0.06	
1.1.3.2 职业高中师生比	0.05	
1.1.4 教育经费支出占 GDP 比重	2.47	
1.2 技术人力资源	2.13	49
1.2.1 每万人规模以上工业企业 R&D 活动人员数	16.73[(4)]	

1.2.2 R&D 折合全时人员(万人年)	0.67	
1.3 科技投资资源	16.89	48
1.3.1 R&D 经费占 GDP 比重	1.27[(2)]	
1.3.2 地方财政科技拨款占地方财政支出比重	1.09	
1.3.3 规模以上工业企业 R&D 经费支出占规模以上主营业务收入比重	0.78[(3)]	
1.4 基础设施资源	12.15	38
1.4.1.1 每百人平均拥有固定电话数	39.07	
1.4.1.2 每百人平均拥有移动电话数	226.58	
1.4.1.3 每百人平均国际互联网络用户数	25.38	
1.4.2 城镇居民人均住房建筑面积	28.10	
1.4.3 每百人公共图书馆藏书	76.92	
2.1 知识创新	28.43	10
2.1.1.1 每十万人专利授权数	149.02	
2.1.1.2 每十万人发明专利授权数	43.66	
2.1.2 每亿元研究开发投入所取得的专利授权数	213.73[(2)]	
2.2 技术商业化	12.34	3
2.2.1 技术市场成交额(亿元)	303.75	
2.3 技术独立性	54.91	6
2.3.1 规模以上工业企业技术引进经费占本地区规模以上工业企业 R&D 经费比重	1.16[(4)]	
2.3.2 规模以上工业企业消化吸收经费与技术引进经费比例	131.64[(4)]	
2.4 创新组织与活力	29.29	19
2.4.1 规模以上工业企业 R&D 项目数	2987	
2.4.2 国家级企业技术中心数	15	
3.1 产业发展	27.72	44
3.1.1 高技术产品出口额占商品出口额比重	6.58	
3.1.2 规模以上工业企业科技活动新产品产值占规模以上工业企业总产值比重	5.52[(4)]	
3.1.3 第三产业产值占 GDP 比重	52.42	
3.2 居民生活	39.55	37
3.2.1 城镇居民失业率	3.50	

3.2.2 城镇居民人均可支配收入	29982	
3.3 经济效益	10.87	41
3.3.1 人均 GDP	51166	
3.4 可持续发展	88.28	15
3.4.1.1 单位 GDP 工业废水排放量(万吨/亿元)	2.34	
3.4.1.2 单位 GDP 工业二氧化硫排放量(吨/亿元)	19.02	
3.4.1.3 单位 GDP 工业烟(粉)尘排放量(吨/亿元)	4.00	
3.4.2 单位 GDP 综合能耗(吨标准煤/万元)	0.59	

西宁

	得分/数值	排名
城市创新指数	**14.71**	**54**
1. 创新资源	**15.22**	**51**
2. 创新过程	**14.64**	**47**
3. 创新产出	**14.26**	**54**
1.1 教育资源	46.50	10
1.1.1 每万人普通高校在校生数量	311.69	
1.1.2 每万人中等职业学校在校生数量	201.64	
1.1.3.1 普通高校师生比	0.06	
1.1.3.2 职业高中师生比	0.04	
1.1.4 教育经费支出占 GDP 比重	5.04	
1.2 技术人力资源	0.00	54
1.2.1 每万人规模以上工业企业 R&D 活动人员数	6.82(4)	
1.2.2 R&D 折合全时人员(万人年)	0.06	
1.3 科技投资资源	5.94	54
1.3.1 R&D 经费占 GDP 比重	0.92(1)	
1.3.2 地方财政科技拨款占地方财政支出比重	0.45	
1.3.3 规模以上工业企业 R&D 经费支出占规模以上主营业务收入比重	0.48(3)	
1.4 基础设施资源	8.42	49
1.4.1.1 每百人平均拥有固定电话数	32.52	

1.4.1.2 每百人平均拥有移动电话数	132.95	
1.4.1.3 每百人平均国际互联网络用户数	17.64	
1.4.2 城镇居民人均住房建筑面积	25.82	
1.4.3 每百人公共图书馆藏书	113.37	
2.1 知识创新	6.10	46
2.1.1.1 每十万人专利授权数	21.52	
2.1.1.2 每十万人发明专利授权数	4.38	
2.1.2 每亿元研究开发投入所取得的专利授权数	54.41(1)	
2.2 技术商业化	0.77	34
2.2.1 技术市场成交额(亿元)	19.36	
2.3 技术独立性	50.49	12
2.3.1 规模以上工业企业技术引进经费占本地区规模以上工业企业 R&D 经费比重	3.78(4)	
2.3.2 规模以上工业企业消化吸收经费与技术引进经费比例	129.48(4)	
2.4 创新组织与活力	1.19	54
2.4.1 规模以上工业企业 R&D 项目数	69	
2.4.2 国家级企业技术中心数	1	
3.1 产业发展	16.09	54
3.1.1 高技术产品出口额占商品出口额比重	0.62	
3.1.2 规模以上工业企业科技活动新产品产值占规模以上工业企业总产值比重	1.34(4)	
3.1.3 第三产业产值占 GDP 比重	44.70	
3.2 居民生活	15.61	53
3.2.1 城镇居民失业率	3.47	
3.2.2 城镇居民人均可支配收入	17634	
3.3 经济效益	1.97	53
3.3.1 人均 GDP	38034	
3.4 可持续发展	23.39	54
3.4.1.1 单位 GDP 工业废水排放量(万吨/亿元)	3.74	
3.4.1.2 单位 GDP 工业二氧化硫排放量(吨/亿元)	83.90	
3.4.1.3 单位 GDP 工业烟(粉)尘排放量(吨/亿元)	58.00	

3.4.2 单位 GDP 综合能耗(吨标准煤/万元)	2.50	

徐州

	得分/数值	排名
城市创新指数	**26.92**	**37**
1. 创新资源	**19.25**	**41**
2. 创新过程	**18.94**	**36**
3. 创新产出	**42.56**	**37**
1.1 教育资源	26.91	43
1.1.1 每万人普通高校在校生数量	116.93	
1.1.2 每万人中等职业学校在校生数量	103.07	
1.1.3.1 普通高校师生比	0.06	
1.1.3.2 职业高中师生比	0.05	
1.1.4 教育经费支出占 GDP 比重	2.78	
1.2 技术人力资源	6.05	36
1.2.1 每万人规模以上工业企业 R&D 活动人员数	25.63	
1.2.2 R&D 折合全时人员(万人年)	2.17	
1.3 科技投资资源	31.64	30
1.3.1 R&D 经费占 GDP 比重	1.86	
1.3.2 地方财政科技拨款占地方财政支出比重	3.00	
1.3.3 规模以上工业企业 R&D 经费支出占规模以上主营业务收入比重	0.79	
1.4 基础设施资源	12.39	37
1.4.1.1 每百人平均拥有固定电话数	17.82	
1.4.1.2 每百人平均拥有移动电话数	76.82	
1.4.1.3 每百人平均国际互联网络用户数	9.69	
1.4.2 城镇居民人均住房建筑面积	35.00	
1.4.3 每百人公共图书馆藏书	24.39	
2.1 知识创新	17.92	19
2.1.1.1 每十万人专利授权数	100.96	
2.1.1.2 每十万人发明专利授权数	4.70	
2.1.2 每亿元研究开发投入所取得的专利授权数	147.06	

2.2 技术商业化	0.92	29
2.2.1 技术市场成交额(亿元)	22.92[5]	
2.3 技术独立性	44.78	32
2.3.1 规模以上工业企业技术引进经费占本地区规模以上工业企业R&D经费比重	4.14	
2.3.2 规模以上工业企业消化吸收经费与技术引进经费比例	22.30	
2.4 创新组织与活力	12.16	39
2.4.1 规模以上工业企业R&D项目数	2261	
2.4.2 国家级企业技术中心数	3	
3.1 产业发展	40.66	26
3.1.1 高技术产品出口额占商品出口额比重	33.24[8]	
3.1.2 规模以上工业企业科技活动新产品产值占规模以上工业企业总产值比重	11.94	
3.1.3 第三产业产值占GDP比重	41.47	
3.2 居民生活	40.03	36
3.2.1 城镇居民失业率	2.39	
3.2.2 城镇居民人均可支配收入	21716	
3.3 经济效益	7.96	43
3.3.1 人均GDP	46877	
3.4 可持续发展	81.60	29
3.4.1.1 单位GDP工业废水排放量(万吨/亿元)	4.00	
3.4.1.2 单位GDP工业二氧化硫排放量(吨/亿元)	35.52	
3.4.1.3 单位GDP工业烟(粉)尘排放量(吨/亿元)	11.42	
3.4.2 单位GDP综合能耗(吨标准煤/万元)	0.53[7]	

烟台

	得分/数值	排名
城市创新指数	**32.54**	**22**
1. 创新资源	**24.53**	**23**
2. 创新过程	**23.25**	**23**

3. 创新产出	**49.84**	**25**
1.1 教育资源	30.78	35
1.1.1 每万人普通高校在校生数量	240.61	
1.1.2 每万人中等职业学校在校生数量	150.48	
1.1.3.1 普通高校师生比	0.05	
1.1.3.2 职业高中师生比	0.08	
1.1.4 教育经费支出占 GDP 比重	1.83	
1.2 技术人力资源	9.64	27
1.2.1 每万人规模以上工业企业 R&D 活动人员数	55.16	
1.2.2 R&D 折合全时人员(万人年)	2.71	
1.3 科技投资资源	46.34	14
1.3.1 R&D 经费占 GDP 比重	2.77	
1.3.2 地方财政科技拨款占地方财政支出比重	3.60	
1.3.3 规模以上工业企业 R&D 经费支出占规模以上主营业务收入比重	1.13	
1.4 基础设施资源	11.35	41
1.4.1.1 每百人平均拥有固定电话数	26.80	
1.4.1.2 每百人平均拥有移动电话数	128.17	
1.4.1.3 每百人平均国际互联网络用户数	17.07	
1.4.2 城镇居民人均住房建筑面积	30.07	
1.4.3 每百人公共图书馆藏书	89.81	
2.1 知识创新	5.74	48
2.1.1.1 每十万人专利授权数	89.20	
2.1.1.2 每十万人发明专利授权数	10.12	
2.1.2 每亿元研究开发投入所取得的专利授权数	39.65	
2.2 技术商业化	0.79	33
2.2.1 技术市场成交额(亿元)	19.78(5)	
2.3 技术独立性	48.25	23
2.3.1 规模以上工业企业技术引进经费占本地区规模以上工业企业 R&D 经费比重	3.06(4)	
2.3.2 规模以上工业企业消化吸收经费与技术引进经费比例	57.80(4)	

2.4 创新组织与活力	38.22	12
2.4.1 规模以上工业企业 R&D 项目数	4660(4)	
2.4.2 国家级企业技术中心数	17	
3.1 产业发展	40.70	25
3.1.1 高技术产品出口额占商品出口额比重	28.42	
3.1.2 规模以上工业企业科技活动新产品产值占规模以上工业企业总产值比重	16.15(4)	
3.1.3 第三产业产值占 GDP 比重	36.33	
3.2 居民生活	43.46	31
3.2.1 城镇居民失业率	3.25	
3.2.2 城镇居民人均可支配收入	30045	
3.3 经济效益	27.48	26
3.3.1 人均 GDP	75672	
3.4 可持续发展	87.73	18
3.4.1.1 单位 GDP 工业废水排放量(万吨/亿元)	1.77	
3.4.1.2 单位 GDP 工业二氧化硫排放量(吨/亿元)	16.41	
3.4.1.3 单位 GDP 工业烟(粉)尘排放量(吨/亿元)	6.09	
3.4.2 单位 GDP 综合能耗(吨标准煤/万元)	0.67	

银川

	得分/数值	排名
城市创新指数	**19.63**	**52**
1. 创新资源	**18.23**	**44**
2. 创新过程	**13.60**	**50**
3. 创新产出	**27.05**	**53**
1.1 教育资源	37.93	20
1.1.1 每万人普通高校在校生数量	493.70	
1.1.2 每万人中等职业学校在校生数量	361.58	
1.1.3.1 普通高校师生比	0.07	
1.1.3.2 职业高中师生比	0.03	
1.1.4 教育经费支出占 GDP 比重	1.63	

1.2 技术人力资源	2.59	48
1.2.1 每万人规模以上工业企业 R&D 活动人员数	23.82	
1.2.2 R&D 折合全时人员(万人年)	0.61	
1.3 科技投资资源	17.44	47
1.3.1 R&D 经费占 GDP 比重	1.00	
1.3.2 地方财政科技拨款占地方财政支出比重	2.00	
1.3.3 规模以上工业企业 R&D 经费支出占规模以上主营业务收入比重	0.58	
1.4 基础设施资源	14.98	28
1.4.1.1 每百人平均拥有固定电话数	31.10	
1.4.1.2 每百人平均拥有移动电话数	185.53	
1.4.1.3 每百人平均国际互联网络用户数	20.33	
1.4.2 城镇居民人均住房建筑面积	30.46	
1.4.3 每百人公共图书馆藏书	171.93	
2.1 知识创新	5.37	49
2.1.1.1 每十万人专利授权数	31.10	
2.1.1.2 每十万人发明专利授权数	8.10	
2.1.2 每亿元研究开发投入所取得的专利授权数	45.00	
2.2 技术商业化	0.03	53
2.2.1 技术市场成交额(亿元)	1.00	
2.3 技术独立性	39.65	42
2.3.1 规模以上工业企业技术引进经费占本地区规模以上工业企业 R&D 经费比重	7.28(4)	
2.3.2 规模以上工业企业消化吸收经费与技术引进经费比例	23.56(4)	
2.4 创新组织与活力	9.37	43
2.4.1 规模以上工业企业 R&D 项目数	637	
2.4.2 国家级企业技术中心数	66	
3.1 产业发展	20.31	50
3.1.1 高技术产品出口额占商品出口额比重	2.66	
3.1.2 规模以上工业企业科技活动新产品产值占规模以上工业企业总产值比重	5.58	
3.1.3 第三产业产值占 GDP 比重	41.79	

3.2 居民生活	8.43	54
3.2.1 城镇居民失业率	4.50	
3.2.2 城镇居民人均可支配收入	21901	
3.3 经济效益	14.50	38
3.3.1 人均 GDP	56528	
3.4 可持续发展	64.98	46
3.4.1.1 单位 GDP 工业废水排放量(万吨/亿元)	0.52	
3.4.1.2 单位 GDP 工业二氧化硫排放量(吨/亿元)	91.88	
3.4.1.3 单位 GDP 工业烟(粉)尘排放量(吨/亿元)	22.89	
3.4.2 单位 GDP 综合能耗(吨标准煤/万元)	1.04	

郑州

	得分/数值	排名
城市创新指数	**32.27**	**24**
1. 创新资源	**21.77**	**33**
2. 创新过程	**22.07**	**27**
3. 创新产出	**52.96**	**17**
1.1 教育资源	46.26	11
1.1.1 每万人普通高校在校生数量	650.99	
1.1.2 每万人中等职业学校在校生数量	258.04	
1.1.3.1 普通高校师生比	0.07	
1.1.3.2 职业高中师生比	0.06	
1.1.4 教育经费支出占 GDP 比重	2.23	
1.2 技术人力资源	8.20	30
1.2.1 每万人规模以上工业企业 R&D 活动人员数	26.07	
1.2.2 R&D 折合全时人员(万人年)	3.16	
1.3 科技投资资源	26.18	34
1.3.1 R&D 经费占 GDP 比重	1.52	
1.3.2 地方财政科技拨款占地方财政支出比重	2.62	
1.3.3 规模以上工业企业 R&D 经费支出占规模以上主营业务收入比重	0.71	

1.4 基础设施资源	6.44	51
1.4.1.1 每百人平均拥有固定电话数	23.02	
1.4.1.2 每百人平均拥有移动电话数	95.27	
1.4.1.3 每百人平均国际互联网络用户数	18.93	
1.4.2 城镇居民人均住房建筑面积	26.08	
1.4.3 每百人公共图书馆藏书	58.21	
2.1 知识创新	13.52	28
2.1.1.1 每十万人专利授权数	84.52	
2.1.1.2 每十万人发明专利授权数	11.40	
2.1.2 每亿元研究开发投入所取得的专利授权数	107.51	
2.2 技术商业化	2.63	15
2.2.1 技术市场成交额(亿元)	65.10	
2.3 技术独立性	49.61	17
2.3.1 规模以上工业企业技术引进经费占本地区规模以上工业企业 R&D 经费比重	2.38⑷	
2.3.2 规模以上工业企业消化吸收经费与技术引进经费比例	62.96⑷	
2.4 创新组织与活力	22.53	23
2.4.1 规模以上工业企业 R&D 项目数	1869	
2.4.2 国家级企业技术中心数	13	
3.1 产业发展	53.04	7
3.1.1 高技术产品出口额占商品出口额比重	78.21	
3.1.2 规模以上工业企业科技活动新产品产值占规模以上工业企业总产值比重	6.24	
3.1.3 第三产业产值占 GDP 比重	40.98	
3.2 居民生活	50.94	23
3.2.1 城镇居民失业率	2.00	
3.2.2 城镇居民人均可支配收入	24246	
3.3 经济效益	18.25	30
3.3.1 人均 GDP	62054	
3.4 可持续发展	89.59	13
3.4.1.1 单位 GDP 工业废水排放量(万吨/亿元)	2.53	

3.4.1.2 单位 GDP 工业二氧化硫排放量(吨/亿元)	25.45	
3.4.1.3 单位 GDP 工业烟(粉)尘排放量(吨/亿元)	9.23	
3.4.2 单位 GDP 综合能耗(吨标准煤/万元)	0.39	

淄博

	得分/数值	排名
城市创新指数	**26.70**	**38**
1. 创新资源	**20.10**	**39**
2. 创新过程	**18.85**	**38**
3. 创新产出	**41.14**	**39**
1.1 教育资源	28.28	40
1.1.1 每万人普通高校在校生数量	219.68	
1.1.2 每万人中等职业学校在校生数量	219.55	
1.1.3.1 普通高校师生比	0.06	
1.1.3.2 职业高中师生比	0.04	
1.1.4 教育经费支出占 GDP 比重	2.06	
1.2 技术人力资源	7.14	34
1.2.1 每万人规模以上工业企业 R&D 活动人员数	38.90	
1.2.2 R&D 折合全时人员(万人年)	2.17	
1.3 科技投资资源	30.33	32
1.3.1 R&D 经费占 GDP 比重	2.09	
1.3.2 地方财政科技拨款占地方财政支出比重	2.87	
1.3.3 规模以上工业企业 R&D 经费支出占规模以上主营业务收入比重	0.68	
1.4 基础设施资源	14.64	30
1.4.1.1 每百人平均拥有固定电话数	20.02	
1.4.1.2 每百人平均拥有移动电话数	116.10	
1.4.1.3 每百人平均国际互联网络用户数	17.47	
1.4.2 城镇居民人均住房建筑面积	34.90	
1.4.3 每百人公共图书馆藏书	61.11	
2.1 知识创新	8.34	40
2.1.1.1 每十万人专利授权数	103.87	

2.1.1.2 每十万人发明专利授权数	12.77	
2.1.2 每亿元研究开发投入所取得的专利授权数	59.15	
2.2 技术商业化	0.53	38
2.2.1 技术市场成交额(亿元)	13.50	
2.3 技术独立性	48.25	25
2.3.1 规模以上工业企业技术引进经费占本地区规模以上工业企业R&D经费比重	3.06(4)	
2.3.2 规模以上工业企业消化吸收经费与技术引进经费比例	57.80(4)	
2.4 创新组织与活力	18.27	30
2.4.1 规模以上工业企业R&D项目数	2300	
2.4.2 国家级企业技术中心数	8	
3.1 产业发展	29.02	40
3.1.1 高技术产品出口额占商品出口额比重	17.80	
3.1.2 规模以上工业企业科技活动新产品产值占规模以上工业企业总产值比重	9.50	
3.1.3 第三产业产值占GDP比重	37.45	
3.2 居民生活	51.15	22
3.2.1 城镇居民失业率	2.50	
3.2.2 城镇居民人均可支配收入	28189	
3.3 经济效益	28.97	23
3.3.1 人均GDP	77876	
3.4 可持续发展	55.44	51
3.4.1.1 单位GDP工业废水排放量(万吨/亿元)	4.67	
3.4.1.2 单位GDP工业二氧化硫排放量(吨/亿元)	61.64	
3.4.1.3 单位GDP工业烟(粉)尘排放量(吨/亿元)	16.59	
3.4.2 单位GDP综合能耗(吨标准煤/万元)	23.15	

参考文献

[1] 国家发展和改革委员会,科学技术部,财政部,海关总署,国家税务总局. 国家认定企业技术中心名单.(2013-11-26)[2015-05-07]. http://www.chinatax.gov.cn/n810341/n810765/n812146/n812313/c1080423/part/1080425.pdf.

[2] 国家统计局城市社会经济调查司. 中国城市统计年鉴 2013. 北京:中国统计出版社,2014.

[3] 国务院. 全国主体功能区规划——构建高效、协调、可持续的国土空间开发格局.(2010-12-2)[2015-05-07]. http://www.gov.cn/zwgk/2011-06/08/content_1879180.htm.

[4] 吴晓波,姜源林,高忠仕. 浙江省创新型经济运行评价及发展对策研究——基于六省市的对比分析[J]. 技术经济,2008,27(10):11-16.

[5] 吴晓波. 2012—2013 浙江省创新型经济蓝皮书[M]. 杭州:浙江大学出版社,2013.

[6] 中国经济与社会发展统计数据库. [2015-05-07]. http://tongji.cnki.net/Kns55/Navi/NaviDefault.aspx.

[7] 中国科学技术发展战略研究院. 科技统计资料汇编 2013. [2015-07-04]. http://www.sts.org.cn/zlhb/.

[8] 中国科学技术发展战略研究院. 科技统计资料汇编 2014. [2015-07-04]. http://www.sts.org.cn/zlhb/.

[9] 中国科学技术发展战略研究院. 中国主要科技指标数据库——省市主要科技指标 2011. [2015-05-07]. http://www.sts.org.cn/kjnew/maintitle/Mainframe.asp.